Die Geheimnisse des Kölner Doms

Die Geheimnisse des Kölner Doms

Ralf Günther

Emons

Layout: Weusthoff & Rose, Köln
Druck und Bindung: Kösel GmbH, Kempten
Printed in Germany 1998
ISBN 3-89705-107-9

Der heilige Ort

Den Menschen, die vor genau siebenhundertfünfzig Jahren den Grundstein zum Kölner Dom legten, war vollkommen bewußt, daß sie an der Entstehung eines Wunders mitwirkten. Allein die Abmessungen der Kirche, die der Baumeister bei der Zeremonie durch zwölf geweihte Steinhaufen abgesteckt hatte, übertrafen alles, was man in diesem Teil der Welt bislang gesehen hatte.

In den darauffolgenden sechs Jahrhunderten, in denen mehr oder weniger intensiv am Dom gebaut wurde, stand dieses Wunderwerk den jeweiligen Zeitgenossen klar vor Augen. Alle, die die Baustelle besichtigten, äußerten sich in großer Bewunderung. Jede Zeit sah einen anderen Dom, obwohl die Idee unverändert blieb. Eine Idee, die weit über die Dinge und Zusammenhänge der Erde hinauswies.

Auch heute noch strahlt dieses Bauwerk etwas ganz besonderes aus. Dank des Doms fühlt man sich in Köln wie in einem zu groß geratenen Dorf mit der Kirche im Mittelpunkt. Der Dom ist nicht nur geographischer und optischer Mittelpunkt der Stadt, sondern auch ein echter Lebensmittelpunkt ihrer Bewohner. Unter seinen Kreuzgewölben versammelt man sich, ›der Dom‹ ist Köln, und Köln ist ›die Domstadt‹.

Nicht umsonst suchen gesellschaftliche und kulturelle Ereignisse die Nähe des Doms, sei es der Rosenmontagszug, sei es José Carreras, sei es der Tierschutzbund oder die Kölner Klage-

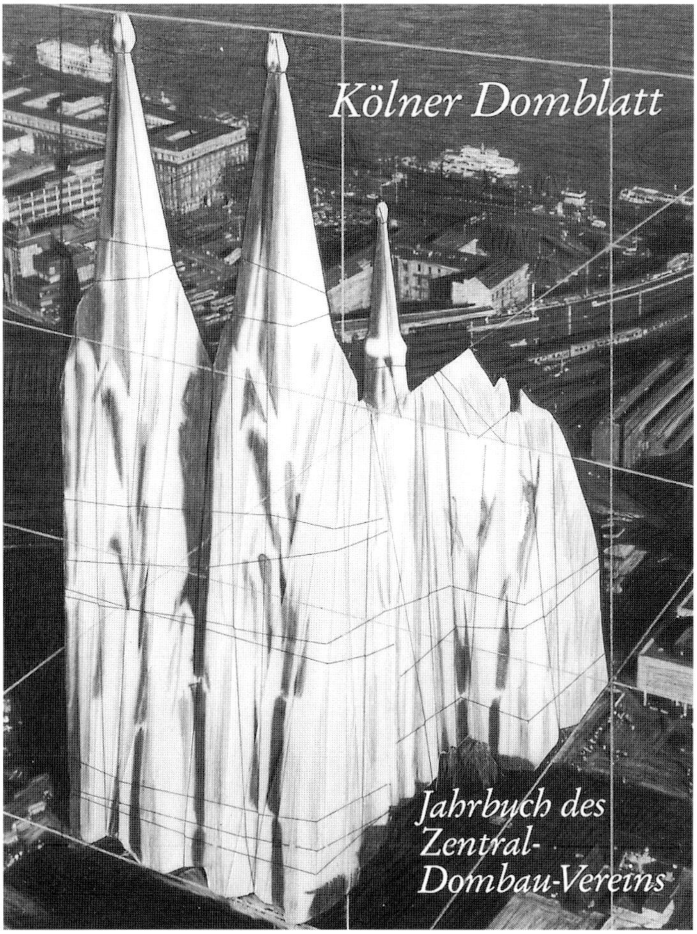

Die Energien des Domes faszinieren nicht nur Künstler wie Christo – der verhüllte Dom (Mein Kölner Dom wrapped 1980/92).

mauer. Man spürt, daß von dem Dom besondere Kräfte ausgehen, Energien, die man sich nutzbar machen kann.

Der Dom ist Herausforderung und Anziehungspunkt zugleich. Die Wiedervereinigung Deutschlands wurde in Köln selbstverständlich auf der Domplatte begangen. Und für jeden Staatsgast, der in Köln weilt, ist der Besuch des heiligen Ortes Pflicht.

Die in Aachen gekrönten Kaiser des Heiligen römischen Reiches deutscher Nation pflegten auf ihrer Rückkehr von den Krönungsfeierlichkeiten am Schrein der Heiligen Drei Könige zu beten. Auch sie wollten an den Energiequellen dieses Ortes teilhaben und um eine glückliche Regierung bitten.

Unmittelbar zu Füßen des Doms fließt der Rhein vorbei, Lebensader und Schicksalsfluß der Stadt und der Region, die nach ihm benannt ist. Hier trennte sich zur Römerzeit die ›zivilisierte‹ Welt vom Barbarentum. Kulturkreise standen sich an dieser Stelle gegenüber und prallten kriegerisch aufeinander. In späterer Zeit vermischten sie sich innerhalb und außerhalb der Mauern dieser Stadt.

Schon in das Gebiet der ersten, römischen Stadtanlage war am äußersten Rande der Stadt eine besondere Geländeformation eingeschlossen: eine natürliche Terrasse, ein Plateau, das sich im Norden des römischen Stadtgebietes allmählich von Westen Richtung Fluß und damit Osten vorschob, zum Rhein hin immer deutlicher vom restlichen Niveau der Stadt abhob und kurz vor Erreichen des Flusses steil zu den Auen hin abfiel. Auf diesem Plateau lag der höchste Punkt der Stadt.

Er befindet sich noch heute hier, unweit des Doms, und das Plateau, der Buckel im Stadtbild, ist trotz der Veränderungen, die das Gelände durch die Jahrhunderte hinweg erfahren hat, noch immer deutlich zu erkennen. Im Volksmund wird er ›Domhügel‹ genannt.

Nach alter, vorzeitlicher Vorstellung, die sich bis in das germanische Weltbild Mittel- und Nordeuropas erhalten hat, ist eine Erhebung des Bodens eine Kraftstelle der Erde. Dort ballt sich unterirdische Energie mit Macht zusammen und gibt Anlaß zu kultischer Verehrung.[1] Durch kultische Handlungen kann der Mensch an diesen Quellen irdischer Energie teilhaben. Die Germanen pflegten, wie viele archaische Völker, auf Hügeln Opfer darzubringen und heilige Handlungen zu vollziehen. Grab-›Hügel‹, sogenannte ›Hünengräber‹, sind noch heute über den ganzen ehemaligen Kulturkreis der Germanen verteilt und zeugen von dem alten, archaischen Kult. Noch heute verweisen Namen wie Godesberg (vermutlich von Wodansberg) oder Donnerberg (vermutlich von Donarsberg) auf heilige Hügel.[2] Der ›Olymp‹ ist heute noch Inbegriff eines heiligen Berges, und selbstverständlich wird auch der höchste Berg der Erde, der Mount Everest, von den Einheimischen als heiliger Berg verehrt.

Die Tatsache, daß sich die Bezeichnung ›Domhügel‹ für dieses besondere Terrain im Kölner Stadtgebiet ergeben hat, weist darauf hin, daß dieser Ort als ein heiliger Hügel empfunden wurde und wird, und man kann sich des Verdachts nicht erwehren, daß mit dem ›Hügel‹ nicht nur das Gelände gemeint ist, sondern vielmehr der Dom selbst, der einem schroffen Felsen gleich aus der Erde herauszuwachsen scheint.

Ein Hügel bzw. eine Erhebung, die wie das ›Domplateau‹ nach Osten hin ansteigt, bietet einen ganz besonderen Vorteil: Hier geht die Sonne zuerst auf, hier ist man der aufgehenden Sonne am nächsten.

Deshalb verwundert es nicht, wenn in spätrömischer Zeit gerade an dieser Stelle das Kultgebäude einer Religion errichtet wurde, die die Verehrung der Sonne zum Glaubensinhalt hatte.

Das eigentliche Kultzentrum der damaligen Stadtanlage, das römische Forum, lag, wie es sich für eine auf dem Reißbrett geplante Römerstadt gehörte, in der Mitte des Stadtquadrates. Das Plateau am Rande der Stadt hatten die Römer dagegen mit profaner Wohnbebauung überzogen, die in Richtung Fluß mehr und mehr den Nutzgebäuden des Hafens wich.

Doch für die Anhänger des Gottes Mithras war nicht die Lage im Mittelpunkt der Stadt wichtig, sondern ein Ort in besonderer Lage zur Sonne. Deshalb errichteten sie ein zentrales Heiligtum ihrer Religion, ein ›Mithräum‹, auf dem Domhügel, das erste sicher belegte Kultgebäude an diesem Ort.

Der Tempel des ursprünglich aus Persien stammenden, aber im gesamten römischen Reich besonders bei Soldaten beliebten Gottes Mithras, einer Inkarnation der Sonne, war nach Osten, Richtung Sonnenaufgang ausgerichtet.

Die Colonia war als Veteranensiedlung gegründet worden und beheimatete deshalb viele ehemalige Soldaten. Zudem war sie als größte Stadt an der Grenze zum germanischen Barbarenreich römische Garnisonsstadt. Verständlich, daß der Soldatengott Mithras in der ›Soldatenstadt‹ Köln eine bedeutende und verbreitete Gottheit war, wenn er auch nicht zum offiziellen römischen Götterhimmel gehörte.

Es gab mehrere Heiligtümer des Mithras im römischen Köln. Eines davon, vermutlich das wichtigste, lag dort, wo sich heute der Dom erhebt. Ein zweites wird an der Stelle der heutigen Kirche St. Gereon vermutet. Damit sind für Köln mindestens zwei Orte mit hoher Wahrscheinlichkeit anzunehmen, an denen christliche Kirchen Nachfolgebauwerke früherer Mithras-Heiligtümer sind. Beide Kirchen sind nach Osten ausgerichtet, ebenso wie die vorherigen Mithräen an gleicher Stelle – Zufall?

Mithras oder Christus? Spätrömische Darstellung des dreifaltigen Gottes Mithras mit Strahlenkranz.

Da die Mithrasreligion bis weit in das vierte nachchristliche Jahrhundert Bestand hatte, ist es sehr wahrscheinlich, daß die erste christliche Kirche auf dem Domhügel und das Mithras-Heiligtum einige Jahre in enger Nachbarschaft bestanden. Eine Nachbarschaft, die es in sich hatte, war doch Mithras ein jugendlicher Gott, der das Böse, die Mächte der Finsternis, durch eine heldenhafte Opfertat besiegt hatte. Mithras verpflichtete seine Anhänger zu einem asketischen Leben und zum Glauben an ihn, Mithras, als einzigen Gott, der in dreifaltiger Gestalt auftritt. Eine erstaunliche Ähnlichkeit mit dem Gott der Christen war nicht zu leugnen und mag die enge Nachbarschaft nicht gerade erleichtert haben.

Auch die Umgebung des heiligen Hügels war in den spirituellen Gebrauch eingebunden: St. Maria ad Gradus, einst im Osten des Domes zum Rhein hin gelegen; die Treppen, die zum Domhügel hinaufführten, waren Schauplatz verschiedener Zeremonien und Prozessionen (aus dem Skizzenbuch des J. Vinckeboon, um 1664/65).

Die kleine, aber prinzipientreue christliche Gemeinde, die im spätrömisch-dekadenten Untergangsrausch durch strenge Askese auffiel und faszinierte, und sich anfangs bescheiden in einem der Speichergebäude in der Nähe des Hafens der Colonia versammelte, trat im dritten Jahrhundert mit der Regentschaft des christlichen Römerkaisers Konstantin I. den Siegeszug an. Die Mutter eben dieses Kaisers, der dem Christentum im gesamten römischen Reich die Vormachtstellung gegenüber anderen Religionen einräumte und somit den Siegeszug dieser Religion in Europa einleitete, war es auch, die die Grundlage für die Bedeutung Kölns als eines ›zweiten Roms‹ des Mittelalters schuf.

Konstantins Mutter Helena hatte nämlich die sterblichen Überreste dreier hochverehrter Männer in Persien entdeckt. Von ihnen wurde berichtet, daß sie die ersten waren, die dem neugeborenen Gott der Christenheit gehuldigt hatten. Die heilige Helena erkannte in ihnen die im Matthäusevangelium erwähnten ›weisen Männer‹ aus dem Morgenland und nahm die bedeutenden Reliquien kurzerhand mit nach Konstantinopel. Dort verblieben sie vermutlich bis zum fünften oder Anfang des sechsten Jahrhunderts, bis der Heilige Eustorgius sie nach Mailand brachte. Über Mailand gelangten die Reliquien 1164 als Kriegsbeute nach Köln und waren der unmittelbare Anlaß zum (Neu-) Bau des Doms.

Mit der Rückendeckung durch Kaiser Konstantin I. legte die Christengemeinde auch in Köln rasch ihre Bescheidenheit ab und ging zur Eroberung des heiligen Hügels über. Die Mithras-Gläubigen lernten die Christengemeinde als erste von ihrer wenig barmherzigen Seite kennen. Der in Köln ehemals so bedeutende Mithras-Kult verschwand innerhalb weniger Jahrzehnte von der Bildfläche.

Der Tempel des Mithras wurde bis auf vereinzelte Spuren ausradiert, doch der Gott selbst blieb am Ort seines Kultes. Ob man es wahrhaben will oder nicht, ein jeder, der den am Kreuz gestorbenen Jesus von Nazareth im heutigen Dom verehrt, verehrt gleichzeitig den fernen, heute weithin unbekannten, weil im vierten nachchristlichen Jahrhundert verfemten Gott Mithras. Denn Jesus ist nicht nur an Mithras Stelle auf dem heiligen Hügel getreten, Jesus *ist* Mithras. Der heutige Dom ist Jesus- wie Mithras-Tempel gleichermaßen, denn der Gott, dessen Bauwerk an gleicher Stelle stand, ist immer noch da. Er hat seinen Platz im und am Dom, trotz der Gründlichkeit seiner Austreibung. Wir werden uns später auf die Suche nach ihm begeben …

Mit dem Siegeszug des Christentums gewann endgültig die Religion die Vorherrschaft über den ›Hügel‹. Bereits zur Karolingerzeit, im frühen Mittelalter, war die gesamte Umgebung des Plateaus einbezogen in den christlichen Kult. Es wird von einer Bußzeremonie am Johannistag (dem Tag der Sommersonnen-

wende!) berichtet, die am Frankenmarkt, auf der Höhe der Flußauen begann und über Stufen und ein Baptisterium unter freiem Himmel bis auf die Domhöhe und in den Dom hinein führte – in den ›alten Dom‹, den karolingischen, den Vorgängerbau des heutigen Doms wohlgemerkt – auch dies schon ein Bauwerk, das wegen seiner Vollkommenheit und Schönheit weithin gepriesen wurde.

Über ein Säulenatrium war der karolingische Dom mit der heute nicht mehr existenten Kirche St. Maria ad gradus (›bei den Stufen‹, im Mittelalter ›Mariengraden‹) verbunden, wobei diese Marienkirche schon deutlich unterhalb des alten Doms in den Hang hinein gebaut war. In unmittelbarer Umgebung des karolingischen Doms gab es noch weitere Kirchen und Stifte, wie zum Beispiel St. Margarethen in westlicher Verlängerung der Achse, St. Maria im Pesch (›in pasculo‹), vermutlich dort, wo heute die Türme des gotischen Doms stehen, die bischöfli-

Den Dreikönigsreliquien nicht würdig genug? Modell des Karolingischen Doms, Vorgängerbau des heutigen Doms.

che Pfalzkapelle St. Johannes in Curia[3], etwa dort, wo sich heute die Dombauhütte anschließt, eine offene Säulenhalle, in der Gericht gehalten wurde, die oben erwähnte Taufanlage, einen Friedhof und verschiedene Klöster und Gemeinden, von denen einige noch heute existieren (St. Maria im Kapitol, Groß St. Martin etc.).

Der Domhügel und seine Umgebung hatten sich schon zu Zeiten des alten Doms, also noch vor der Überführung der Dreikönigsreliquie nach Köln, zu einem religiösen Zentrum entwickelt, wie es in der Stadt und ihrer weiteren Umgebung kein zweites gab. Mit der Übertragung der Gebeine der Heiligen Drei Könige durch Reinald von Dassel im Jahre 1164 nach Köln wurde die Stadt und der Hügel zu einem der bedeutendsten Wallfahrtsorte der Christenheit, zu einem ›zweiten Rom‹.

Der neue Dom ›überwuchert‹ die Reste des alten; Bauzustand im 15. Jahrhundert. Rechts neben dem Ostchor des Domes der romanische Chor der damals noch vorhandenen Kirche St. Maria ad Gradus (Kupferstich von 1817 nach Angelo Quaglio 1809).

Um den Heiligen Drei Königen eine angemessene Wallfahrtsstätte zu errichten, wurde mitten in diese Ansammlung von Kirchen, alten und neuen Kultstätten hinein der gotische Dom gebaut – und das, obwohl der alte, karolingische Vorgängerbau noch voll funktionstüchtig war.

Doch für die Heiligen Drei Könige war eine Kathedrale im damals modernen, imposanten Stil der französischen Königskathedralen gerade gut genug.

Je mehr der neue Dom wuchs, je mehr er Gestalt annahm, desto mehr entwickelte er sich zur zentralen, alleinigen Kultstätte auf dem Hügel. Er verdrängte alle Kirchen in seiner näheren Umgebung wie einst das Mithras-Heiligtum, schluckte deren Altäre und Mauern, überwucherte sie förmlich. Er wuchs beinahe organisch, Schritt für Schritt über die Jahrhunderte hinweg, Epoche um Epoche, sich an der alten Substanz nährend, durch sie wachsend, Zerstörer und Vollender des heiligen Bezirks in einem.

Der Dom zehrt an seinem Umfeld, er erhebt sich aus den Trümmern und Abbruchfeldern der Vorgängerbauten. Spuren und Überreste der Vorgänger- und Konkurrenzbauten finden sich überall im, am und unter dem Dom, und ebenso wie die Substanz der Vorgängerbauten werden auch die alten Energien, die alten Geister des Hügels in das neue Bauwerk integriert. Der heutige gotische Dom ist die Vollendung einer langen Reihe von Sakralbauten auf eben jenem Hügel, die vollkommene Form, die Vollendung, die aus allen anderen, früheren hervorgegangen ist. Nur weil das neue Bauwerk allen Kräften huldigt, die an diesem Ort wirksam sind, kann es vollkommen sein.

Der Dom wurde als Stätte für viele Götter, Geister und Heilige gebaut, nicht bloß für einen. Jede Zeit hat ihre eigenen Götter und der eine, christliche Gott spielte niemals die allmächtige Rolle, die die Kirchenväter für ihn einfordern. Alle Generationen, die seit der Grundsteinlegung am Dom bauten und bauen, haben dem Bauwerk ihre eigenen Götter mitgegeben, haben mit dem Dom ihren Geistern und Dämonen eine Heimstatt errichtet. Ebenso wie der Ort selbst, der alles andere als unbewohnt war, als der christliche Gott auf den Hügel zog.

Der Kampf um den heiligen Ort

Die christlichen Domherren mußten bald einsehen, daß sich die alten Geister und Energien nicht einfach vom Hügel vertreiben ließen. Der Verfasser der Fuldaer Annalen, ein ehr- und glaubwürdiger Geistlicher mit Namen Meginhard, berichtet bereits im neunten Jahrhundert von eigenartigen Zwischenfällen in der Nacht vor der Weihe des ›alten‹, karolingischen Doms. Er schildert eindringlich, wie sich die Geister des Domhügels lauthals darüber beklagten, durch die Weihe der christlichen Kirche von ihrem angestammten Orte vertrieben zu werden. Dieses ›Wehklagen der Geister und Dämonen‹ ist auch durch eine weitere, unabhängige Quelle des Anselm von Lüttich belegt.[4]

Daß der karolingische Vorgängerbau des heutigen Doms die Bedürfnisse der bereits am Ort vorhandenen Geister und Dämonen nicht ausreichend berücksichtigt hatte, mußte er auf grausame Weise büßen. Als im Jahre 1248 die Baustelle für den neuen, gotischen Dom hergerichtet werden sollte, hatte man geplant, nur einen kleinen Teil des karolingischen Vorgängerbaues abzubrennen, um den Rest bis zur Weihe des neuen Domchores funktionsfähig zu erhalten.

Zu diesem Zweck der kontrollierten Niederlegung von Teilen des ›alten‹ Doms hatte man ausgerechnet den 30. April 1248 gewählt, den Tag vor der Walpurgisnacht. Der 30. April ist außerdem der Feiertag des Heiligen Quirinus, eines Nothelfers in gefährlichen Lebenslagen, der vor plötzlichem Unheil schützen soll und dessen Beistand man sich für das Vorhaben erhofft hatte. Eine wenig glückliche Entscheidung, wie sich erweisen sollte, den christlichen Heiligen in direkte Konkurrenz mit dem Feuerfest der Geister zu bringen. In den Annalen von St. Pantaleon sind die daraus resultierenden Ereignisse überliefert:

> *»Da das Kölner [Dom-]Kapitel über die völlige Niederlegung des alten Doms und Wiederaufführung eines besseren Baues unter Zustimmung des Erzbischofs und der Prioren schlüssig geworden war und die Werkmeister den östlichen Teil der Mauern der Kirche sehr schnell unterhöhlt hatten, zündeten sie unvorsichtig die Balken mit allzu großer Nahrung für das Feuer an, welche die Höhlung stützten, damit die auf ihnen ruhende Last schnell zusammenstürze. Das durch den entstehenden Wind stärker werdende Feuer aber verzehrte jene edle, wenn auch alte Kirche vollständig bis auf die nackten Mauern, nebst den beiden im Innern hängenden goldenen Kronleuchtern.«*[5]

Die Geister hatten ihre eigenen Pläne mit dem Hügel und erzwangen auf ihre Weise, entgegen den Vorkehrungen der Bauherren, einen Totalabriß des alten Doms. Die Flammen, die den alten Dom zur Gänze niederlegten, wurden angefacht durch den lauten Protest, mit dem die Geister des Ortes bereits die Weihe des Bauwerkes überzogen hatten. Eine späte Rache an christlicher Ignoranz.

Die Geistlichkeit wiederum wollte gegen die Mächte des Übersinnlichen nicht zurückstehen, sondern ertrotzte durch den provisorischen Wiederaufbau von Teilen des alten Doms ihre Präsenz auf dem heiligen Hügel; denn mit dem alten Dom in Trümmern und dem neuen im Rohbau hätte der christliche Kult auf dem heiligen Hügel auf unbestimmte Zeit ausgesetzt werden müssen. Auch wenn es nur ein vorübergehender war, die völlige Vernichtung der karolingischen Bischofskirche war ein großer Sieg für die Geister und Dämonen über den Christengott. Und die mittelalterliche Bevölkerung, für die Geister- und Wunderglaube zur alltäglichen Erfahrung gehörte, sah dies genauso.

Kein Einzelfall: Im Jahre 1194 brannte schon die romanische Kathedrale von Chartres, die das Geburtshemd der Maria bei der Geburt Jesu in ihren Mauern barg, vollständig ab. Auch dort sah man die völlige Vernichtung des romanischen Heiligtums – ebenfalls auf einem Hügel gelegen – als schlechtes Vorzeichen. So schlecht, daß man zunächst gar die ganze Stadt aufgeben wollte, bis man überraschenderweise das heilige Kleidungsstück unversehrt aus den Trümmern barg. Dies war eine offensichtliche Aufforderung, ein deutliches überirdisches Zeichen, den Kult an dieser Stelle fortzusetzen. Auch in Chartres entschied man sich, wie in Köln, den Stil des Vorgängerbaus nicht weiter zu pflegen, sondern völlig neu, modern zu bauen: gotisch. Und ›gotisch‹ bedeutete, den alten, vor-christlichen Geistern wieder einen Platz im christlichen Gefüge zu geben.

Darstellung eines Zwitterwesens. Holzschnitzerei im Chorgestühl des Kölner Domes (Anfang 14. Jahrhundert).

Mit dem Bau des neuen Doms im gotischen Stil schlugen die christlichen Hausherren auf dem Kölner Hügel einen versöhnlichen Kurs gegenüber den immer noch mächtigen heidnischen Dämonen ein. Sie integrierten die Geister und Fabelwesen in ihren Prachtbau, die im Glaubens- und Weltbild der einfachen Leute immer lebendig waren. Es handelt sich dabei um Greifen und Drachen, Zauberriten und Waldschrate, Zwitterwesen und heilige Tiere, wie sie in den Darstellungen des Chorgestühls, aber auch an anderen Orten des Doms so anschaulich versammelt sind.

Der Dombau zu Köln folgt damit einer allgemeinen Tendenz seiner Zeit, denn im dreizehnten und vierzehnten Jahrhundert nahm die christliche Kirche in Europa zunehmend Elemente des Volksglaubens auf. Das Ankämpfen der Amtskirche gegen die im Volksglauben äußerst lebendigen Dämonen und Naturgeister wird aufgegeben. Statt dessen wird innerhalb des christlichen Glaubens Platz geschaffen für die heidnischen Götzen: man vereinnahmt, was man nicht besiegen kann. Der Geister- und Wunderglaube, auch der christliche, treibt bunte, fabelhafte Blüten in dieser Zeit. So wird im Dom an Kapitellen und anderen ausgewählten Stellen, in der Außenhaut ebenso wie im zentralen Heiligtum, dem Hochchor, Platz für diese Gestalten und Kräfte geschaffen. Zwar zeichnen sich auch romanische Kirchen durch die Anwesenheit der Dämonen und Geister aus, doch sind sie nirgendwo so gut integriert, gehören sie nicht wirklich zur vollkommenen Gestalt des Bauwerks wie zum Beispiel im Kölner Dom.

Der Frieden mit den alten Geistern hat seinen logischen Preis: der reine Glaube, die reine Lehre von dem einen, christlichen Gott wird mehr und mehr durchsetzt und teilweise ersetzt vom Glauben an die Zauberkraft von Reliquien, von Heiligenverehrung und Wunderglauben. Das, wogegen die christlichen Missionare ursprünglich – unter Einsatz ihres Lebens – angetreten waren, wird nun zum wesentlichen Bestandteil des christlichen Glaubens. Die heilige ›Stadt‹ Köln wurde im Hoch- und Spätmittelalter zu einer Hochburg der Reliquienverehrung.[6]

Die Wirksamkeit der Sonne, des Mondes, des Windes, die natürliche Erhabenheit einer Waldlichtung, die verzehrende Kraft des Feuers, die verheerende Wut von Seuchen, all dies war für die Menschen konkret erfahrbar. In der heidnischen Zeit stand die Energie der Dinge für die Existenz der jeweiligen spirituellen Kraft, die in ihnen wohnte.

Die christliche Lehre verlangte von den Gläubigen, hinter allen Vorgängen der Natur und des Lebens nur das Wirken des einen, abstrakten Gottes zu sehen, der doch so weit von der Natur entfernt war. Von den Wundern der Bibel, dem konkreten Gottesbeweis in der alltäglichen Erfahrung wurde immer nur berichtet, noch dazu in Latein, einer Sprache, die kaum jemand verstand.

Die Menschen des Hochmittelalters verlangten endlich nach konkreten, im eigenen Alltag erfahrbaren Beweisen, daß der neue Gott mächtiger war als die alten heidnischen Geister und Götzen. Diesen Beweis mußte das Christentum schuldig bleiben, solange es sich weigerte, in Wettstreit mit dem Wunderglauben der alten Götter zu treten.

Der germanische Druidenpriester, der in Gestalt des Zauberers und des Kräuterfräuleins bzw. der Hexe im Mittelalter fortlebte, hatte aufgrund seiner über Generationen vermittelten Kenntnisse und Erfahrungen über den Stand der Gestirne, die Vorzeichen des Wetters, die Heilwirkung von Kräutern usw. exakte Vorhersagen machen können.

Der christliche Priester konnte Realität und Glauben nicht in dieser konkreten Form verknüpfen. Er konnte immer nur auf den ›unergründlichen Willen Gottes‹ verweisen. Und war damit den Gläubigen gegenüber in der schwächeren Position.

Außerdem hatte der christliche Gott zwar eine menschliche Gestalt, besaß aber ansonsten kaum menschliche Züge. Er hatte keinerlei menschliche Schwächen, war nicht der Natur unterworfen wie die Götter der Antike oder eins mit ihr wie die archaischen Naturgötter und -geister. Und auch das alle Menschen zutiefst berührende Themenfeld der Sexualität war im christlichen Glaubensalltag völlig ausgeklammert[7], ja verfemt. Das Christentum war in seinem tiefsten Wesen eine unsinnliche, abstrakte, lebensferne Religion. Das Handeln im Diesseits war auf ein ungewisses Jenseits ausgerichtet. Wie sehr unterschied sich das Christentum damit vom Glauben der Vorväter unseres Kulturkreises mit seinen heiligen Bäumen, geweihten Steinen, Erd- und Wassergeistern. Überall in der Welt der Vorväter war Übersinnliches in den buntesten Facetten wirksam und erfahrbar gewesen.

Die christliche Entfernung von der Gottheit, der aus der Distanz in Bewunderung und Demut verharrende Glaube war den Menschen des sehr erdschweren, sehr konkreten Mittelalters zu weit geworden. Die Gläubigen forderten die Nähe, die ihnen die Götter und Geister der Vorväter erlaubt hatten, und das Christentum stellte sich auf dieses Verlangen ein.

›Revolutionäre‹ Theologen formulierten, zunächst noch stets in der Gefahr, als Ketzer verbrannt zu werden, dieses Bedürfnis. Gott sollte nun, wie der Theologe Meister Eckhart (1260-1329) forderte, »sonder mitel und wise« erfahren werden, unvermittelt also, als handelndes, eingreifendes Wesen, in der direkten Begegnung mit dem Gläubigen.[8] Die christliche Sekte der Amalrikaner lehrte im 13. Jahrhundert, daß jeder Mensch Gott sein kann; damit war keineswegs eine spirituelle Einheit mit Gott gemeint, sondern eine ganz körperliche Wesenheit. Selbst religiös eifernde Laien erhoben sich zu gottähnlichen Wesen, zum Beispiel indem sie sich mit Marienstatuen verlobten (so passiert um 1110 in Antwerpen).

Das Christentum war in seinem tiefsten Wesen eine unsinnliche, abstrakte, lebensferne Religion. Das Handeln im Diesseits war auf ein ungewisses Jenseits ausgerichtet.

Unter diesem Druck rang sich endlich auch die Amtskirche dazu durch, die verlangten Gottesbeweise zu liefern bzw. einfach nur zuzulassen. Denn der Wunderglaube war trotz der christlichen Bemühungen niemals ganz verschwunden gewesen.

Nach dem zwölften und dreizehnten Jahrhundert wächst die Zahl derer, die Gott und dessen Wirken konkret und am eigenen Leibe erfahren haben wollen, sprunghaft an. Und auch der alte Geister- und Dämonenglaube erlebt ein plötzliches, unverhofftes Anschwellen.

Häufig sind es Geistliche, Mönche und Nonnen wie Hildegard von Bingen, die Gott tatsächlich gesehen und erfahren haben, ihm also laut eigener Schilderung von Angesicht zu Angesicht begegnet sind. Hildegard von Bingen fügt auch das Böse als Bestandteil der Welt in ihr Kosmosbild ein; Teufel und Dämonen gehören bei ihr unmittelbar zur erfahrbaren Welt, können gar nicht ausgeschlossen werden, wie die christliche Lehre dies lange Zeit gefordert hatte.[9]

Immer mehr Wunder, Heilungen und Gotteserfahrungen gehen von Reliquien aus. Auch die Verehrung der alten Geister und Naturgötter wird nun unter christlichen Vorzeichen wieder großzügiger zugelassen – ganz zu verhindern gewesen war sie ja nie.

Der Volksglaube beruhte auf älteren, tieferen Quellen als den christlichen. Es waren dies die Quellen des nordisch-germanischen Kultes, der Verehrung und Mystifizierung der Natur. Lichterfeste wie das Weihnachtsfest sind nahezu klassische nordisch-germanische Feste.

Das Weihnachtsfest, eigentlich das germanische Fest der Wintersonnenwende, war so tief im Wesen der Nord- und Mitteleuropäer verwurzelt, daß die Kirche es schon relativ früh hatte integrieren müssen: das Fest Christi Geburt, das Weihnachtsfest also, wurde bereits im vierten Jahrhundert vom 6. Januar, dem heutigen Dreikönigsfest, auf den 25. Dezember gelegt. Es trat an die Stelle des Festes für den Sonnengott, der für manche gleichbedeutend mit dem Gott Mithras gewesen war.

Mariä Lichtmeß wurde auf den 2. Februar gelegt, an die Stelle eines heidnischen Festes, das den Frühlingsbeginn markierte. Später, in Karnevals- und anderen Winteraustreibungsbräuchen, sollten die heidnischen Elemente die christlichen deutlich überlagern. Christliche Bittprozessionen wurden auf den Termin der antiken Feldumgänge gelegt. Und Ostern, der Tag der Auferstehung Christi, überlagerte verschiedene Feste, an denen der Abstieg heidnischer Götter zur Unterwelt und ihr Sieg über den Tod gefeiert wurden.[10]

Heiliges und Unheiliges in harmonischem Nebeneinander. Darstellung eines Vampirs in der Sakristei des Kölner Domes (um 1270).

Im weiteren Verlauf des Mittelalters nahm das Christentum immer mehr Elemente des Geister- und Wunderglaubens auf. Es wurde dadurch zu einer bunten, volksnahen Religion; so lange, bis die protestantische Bewegung dies als Entartung brandmarkte und die Rückkehr, die Besinnung auf die reine Lehre forderte.

Dieses Nebeneinander von Dämonen und Heiligen, vielfältigen Götzen und dem Gott der Dreifaltigkeit kann man am Dom deutlich erkennen.

Und obwohl eine allzu freizügige Auslegung der Toleranz christlicher Kirchenherren immer noch den Kopf kosten konnte, feierten das Heidentum und der Geisterglaube genau in der Zeit, in die die erste Hauptphase des Kölner Dombaus fällt, eine Wiedergeburt unter christlichen Vorzeichen. Die Gebete übernahmen zum Teil die Rolle von Zaubersprüchen. Menschen konnten durch Gebete gesunden, aber auch krank werden, von Lastern befreit werden, Kinder bekommen etc.

Reliquien wurden zu Fetischen, die böse Geister bannen und gute Kräfte sammeln konnten. Eine Pilgerfahrt nach Aachen im vierzehnten Jahrhundert konnte folgenden, merkwürdigen Charakter annehmen:

> *»Das Getöse der Tonhörner, mit dem die Pilger die Weisung der Reliquien begrüßten, muß für heutige Ohren schauerlich geklungen haben. Die Menge war so groß, daß eine Zeigung in oder vor der Kirche unmöglich wurde. Am Westturm [des Aachener Doms] baute man eine Galerie aus und zeigte die Heiltümer in der Höhe. Die Pilger sahen die verehrten Stücke also nur aus erheblicher Entfernung. Und doch genügte es vollauf, wie eine eigentümliche Änderung des Aachener Pilgerzeichens deutlich macht: Der Darstellung der Muttergottes und des von ihr getragenen Kleides fügte man ein leeres rundes Feld mit einem Spiegelchen hinzu. Dieses Zeichen hielten die Pilger hoch, damit der Spiegel den Abglanz der Heiltümer aufnahm. Den darin eingefangenen Segen nahmen sie mit nach Hause! Ein heidnisch zu nennender Spiegelzauber formte also das Pilgerzeichen um und gab ihm hinfort seinen Namen.«* [11]

Jesus selbst wurde zum Magier, zum Druiden, sogar seine Abbildungen und Splitter aus dem Kreuz, an dem er starb, konnten auf magische Weise Wunder vollbringen. Der Volksglaube ging im Mittelalter davon aus, daß Glockenklang Dämonen und schlechtes Wetter bannen könne. [12]

In Köln, einer Hochburg des Pilgertums und des Mystizismus, fällt es immer schwerer, zwischen christlich reinem Glauben und dem sogenannten ›Aberglauben‹ zu unterscheiden. Aus dem Jahre 1705 hat uns der französische Reisende Monsieur de Blainville einen Bericht über die Art der Verehrung der Heiligen Drei Könige zukommen lassen, die ihre Wurzeln eindeutig im Mittelalter hat:

»Das Volk lief häufig herbei, um dem Geistlichen über ein metallenes Gitter Bilderchen, Gebetbücher, Rosenkränze und dergleichen Spielwerke zu überreichen, welche er mit silbernen Zangen annahm und mit jedem die Köpfe der drey Könige berührte. Ich bemerkte unter dem übrigen Haufen eine alte Frau, welche ihm ein kleines Cruzifix hinreicht, damit es berührt werden möchte. Allein der Geistliche gab ihr einen Verweis und sagte im Zorne: unser Heiland hätte mit Berührung der Köpfe dieser Könige nichts zu thun.«[13]

Die Pilgerfahrer nach Köln konnten überall in der Stadt Dreikönigszettel, -münzen und -medaillen erstehen, denen eine heilbringende Wirkung zugeschrieben wurde. Archaischer Fetischglaube bricht hier wieder durch, weil er den Menschen ganz selbstverständlich erscheint: Dinge, die mit Gott und seinen Heiligen unmittelbar zusammenhängen, sind Träger von Energiequellen. Und ihre Energien lassen sich übertragen auf andere Dinge, häufig durch einfache Berührung.

Von der Kirche wird dieser archaische Fetischismus als ›Reliquienverehrung‹ geduldet, wenn es auch gewisse Grenzen gibt. Nach obigem Bericht werden gewisse Auswüchse vom Geistlichen als Aberglauben bzw. unchristlich erkannt. Insgesamt wird der Fetischglaube dennoch unterstützt und gefördert, allerdings streng von einem wie auch immer gearteten ›wahren Glauben‹ geschieden.

Das Verspeisen des Leibes Christi bei der Kommunion scheint gleichfalls ein Überbleibsel heidnischer, magischer Glaubensinhalte zu sein, wobei davon ausgegangen wird, daß man mit dem Verspeisen eines Wesens automatisch dessen Kräfte und Fähigkeiten auf sich selbst übertragen kann.[14] Und die Statuen antiker Götter wurden an ihren Festtagen ebenso mit Pflanzen und Tüchern geschmückt, wie dies heute noch mit christlichen Bilderstöcken geschieht.[15]

Toten wurde eine Hostie in den Mund gelegt, wie vormals die griechische Mythologie eine Münze für den Fährmann Charon verlangte.[16] Für das Spätmittelalter ist in Köln die Weihnachtssitte belegt, hölzerne Nachbildungen des Christkindes im Arm zu wiegen und ihm Lieder zu singen.[17] Und das Läuten der Totenglocke bei Beerdigungen soll bis in die heutige Zeit nach alter germanischer Sitte die Wiederkehr der Toten verhindern.

Dies alles waren oder sind Elemente christlichen Glaubens, die mit der eigentlichen christlichen Glaubensgrundlage, der bedingungslosen Hingabe an ein einziges, abstraktes Gotteswesen, kaum zu vereinbaren sind. Und doch hat sich die Kirche dazu durchgerungen, diese Elemente zu tolerieren, wohl wissend, daß man die Kräfte der alten Geister nicht zerstören kann.

In der westlichen Kultur ist ein steter Kampf zwischen Heidentum und Christentum spürbar und in jedem Stadium belegbar; ganz besonders gilt dies für die Zeit der Gotik, die die Menschen in Mitteleuropa erstmals wieder in die Nähe eines im Volke verwurzelten Christentums bzw. eines den alten Geistern verpflichteten Volksglaubens brachte, nachdem sie jahrhundertelang einer alles in allem fremd gebliebenen Entsagungsreligion nachgegangen waren.

Der Wiedereinzug der Geister und Wunder in den Glauben konnte nicht kampflos vonstatten gehen. Der Kölner Dom war und ist Schauplatz dieses Kampfes. Und nachdem die Kirche lange Zeit geglaubt oder gehofft hatte, siegreich gegenüber dem alten, von ihr ›Aberglauben‹ genannten Glaubenssystem zu bleiben, mußte sie nun, auf dem Höhepunkt ihrer Macht, erkennen, daß sich die alten Geister nicht besiegen lassen.

Ist es Zufall, daß ausgerechnet der Wolf, das Begleittier des Germanengottes Wodan/Odin, das dem Menschen und seinem Vieh bei weitem gefährlichste Tier der freien Wildbahn in Mitteleuropa, domestiziert wurde? Ist es Zufall, daß der Hund, der

Geflügelte Fabelwesen. Laut christlicher Lehrmeinung gehören sie auf die Außenseite eines christlichen Gebäudes – im Kölner Dom sind sie überall zu finden, z. B. als Schmuck an einem der Vierungspfeiler.

domestizierte Wodan/Odin, in allen möglichen Gestalten und Variationen eines der häufigsten Schmucktiere am Dom ist? Besiege deine Feinde, indem du sie dir untertan machst, indem du sie zähmst, indem du sie in deinen kulturellen Zusammenhang integrierst.

Die Steinmetze des Doms zähmten die Geister und Dämonen ihres Glaubens, ihrer Vorstellungswelt, indem sie ihnen steinerne Gestalt gaben; einen Kokon, in dem sie die Zeit des Christentums überstehen und ihm später bei Bedarf wieder entschlüpfen können. Da finden wir neben den immer wiederkehrenden Hunden verzerrte Menschenköpfe auf Tierleibern, Drachen, Vampire, Greifen, Tierlarven. Sie sind eingemauert in Stein, im christlichen Sinne ›gebändigt‹ und zueinander in Beziehung gesetzt, aber sie sind da, unbesiegt und stolz, zum Teil furchterregend. Und das nicht nur außen am Mauerwerk, in Form von Wasserspeiern, wie es die christliche Lehre forderte, um die bösen Dämonen, die dunklen Mächte bereits außen abzuschrecken[18] (was für sich genommen schon eine merkwürdig unchristliche Vorstellung ist).

Marmorweihrelief des Mithras mit den fackeltragenden Begleitern Cautes und Cautopates – viele Elemente finden sich in christlichen Darstellungen wieder, auch im Dom: Rabe, Schlange, Skorpion, Hund und der kosmologische Grundzusammenhang von Sonne, Mond und dem Sternengewölbe; bemerkenswert auch die Siebenzahl der Bäume und Opfergefäße; Fundort: Rom (nahe der Kirche S. Lucia in Selce).

Der Dom in seiner heutigen Form ist nur die jetzige Gestalt für ein Heiliges, ein Überirdisches, das schon immer auf dem Domhügel wohnte. Es umfaßt sehr viel mehr, als das Christentum ausdrücken kann. Doch es schafft sich seinen eigenen Ausdruck durch die Menschen, die dem Dom die Gestalt geben. Das Heilige pflanzt sich fort durch die verschiedenen Tempel am Ort: durch den Platz der frühen keltisch-germanischen Sonnenanbetung, durch das Mithras-Heiligtum, die frühchristliche Kirche, durch den ›alten‹ bis in den ›neuen‹ Dom in seiner heutigen Form hinein.

Der Dom ist die heutige Gestalt für eine heilige, göttliche Idee, die dem Ort innewohnt, ebenso wie Jesus Christus die heutige, christliche Gestalt für eine Gottheit ist, die ehemals den Namen Mithras trug (die aber ebensogut ›Helios‹ oder auch ›Odin‹ bzw. ›Wodan‹ genannt werden kann).

Der Strahlenkranz des Mithras, der seine Sonnenhaftigkeit verbildlichen soll, nimmt den Heiligenschein von Jesus Christus vorweg. Die Darstellung des Mithras als Sonne, als Licht der Welt treffen wir in vielerlei Formen bei den Jesusdarstellungen der christlichen Tradition wieder. Das Gero-Kreuz im Dom ist nur ein besonders deutlicher Ausdruck dieser Tradition der Bildsprache. Christus ist das Licht und das Leben und führt darin die Idee des Gottes Mithras fort, der seinerseits den antiken Sonnengott ›Helios‹ ablöste.

Es ist mehr als bloße Symbolik, wenn Christus als ›Licht der Welt‹ erstrahlt. Die Weihnachtsfesttage um den 25. Dezember herum sind nicht nur die Tage der Geburt des Jesuskindes, sondern auch die Tage der ›Wiedergeburt‹ der Sonne. Die Wintersonnenwende, die längste Nacht des Jahreszyklus und damit die Rückkehr des Lichtes, wurde nicht nur von den alten Germanen gefeiert, sondern auch von den Anhängern des Gottes Mithras. Und es ist eine historische Tatsache, daß die christliche Kirche ihr Weihnachtsfest ab dem vierten Jahrhundert vom 6. Januar auf den 25. Dezember vorverlegt hat mit Rücksicht auf weite Teile des römischen Weltreiches, die exakt an diesem Tag das Mithrakana-Fest feierten, die Geburt des Gottes Mithras.

Die Kirche integrierte dieses Fest in ihren Feiertagskalender, weil sie den Mithras-Anhängern, die zum Christentum übergetreten waren oder dies beabsichtigten, entgegenkommen, einen Identifikationspunkt geben wollte.[19]

Christus, die Reinkarnation des Mithras als Sonnengott. ›Gero-Kreuz‹ im Dom (10. Jahrhundert).

Und schließlich war die Wintersonnenwende ein greifbares Ereignis, ein wiederkehrendes Naturereignis, ein wichtiger Eckpunkt im Kult aller archaischen Religionen, das ein feierliches Opfer für den Gott der Sonne und des

Geburt des Mithras aus dem Felsen – die Geburt des Jesus Christus findet in einer Felshöhle statt (in späteren Zeiten zu einem ›Stall‹ umgedeutet); ebenso die Wiederauferstehung aus einer Grabeshöhle; Weiherelief aus Sandstein, gefunden in Köln, Domgrabung.

Lichtes unbedingt erforderlich machte. Es war und ist so fest in der Seele, im ›kollektiven Unbewußten‹ der Menschen verankert, daß eine Religion, die sich anschickte, Weltreligion zu werden, es nicht ignorieren konnte.

Die Anhänger des Mithras feierten am 25. Dezember die Geburt des Gottes aus einem Felsen. Diese Felsgeburt des Mithras hatte sich der Überlieferung nach in einer Höhle zugetragen, und die ersten, die den soeben geborenen Gott Mithras anbeteten, waren Hirten. Mithras sollte als Mittler zwischen Himmel und Erde das Böse in Gestalt eines Stieres besiegen. Er sollte den Menschen als Seelenführer beistehen und ihnen Unsterblichkeit verleihen. Er sollte nach Beendigung seiner Mission die Erde verlassen, auf dem Sonnenwagen in den Himmel fahren, aber noch einmal zurückkehren, um die Toten aufzuerwecken, und nach endgültiger Überwindung des Bösen die Menschheit einem neuen Zeitalter entgegenführen.[20] Hier die Mithras-Version des Jüngsten Tages:

»Große Plagen Ahrimans [des mithräischen bzw. zoroastrischen Teufels] werden diesem Weltende vorangehen. Ein Himmels-Stier wird kommen, Mithras wird noch einmal auf die Erde zurückkehren und den Stier endgültig besiegen. Die Gläubigen wird er auferwecken und ihnen den Trunk der Unsterblichkeit reichen, den er aus dem Blut des überwundenen Stieres bereiten wird. Ein Feuer wird die Bösen verzehren, und Ahriman wird im Weltbrand untergehen. Die Erlösten werden eine Auferstehung der Leiber erfahren und mit Mithras in einen neuen Weltäon übergehen.«[21]

Zweifellos handelt es sich bei Mithras und Jesus Christus um ein und denselben Gott – in unterschiedlicher Gestalt. Und so ist es nur zu verständlich, daß es zwischen den Anhängern des Mithras und den Anhängern des Jesus Christus im dritten und vierten nachchristlichen Jahrhundert einen erbitterten Kampf um die Vorherrschaft des jeweiligen Gottes gab.[22] Im dritten Jahrhundert war die Mithrasreligion eine Weltreligion; ihr Einflußbereich erstreckte sich von Indien bis Britannien, von Spanien bis an das Schwarze Meer.[23] Viele Elemente des späteren christlichen Kultes waren hier bereits vorgeformt: der asketische Charakter der Religion mit einer hohen Moralauffassung, der Kult des Lichtes, der in der gotischen Kirche eine große Rolle spielen wird, die Dreieinigkeit, die Symbolik des jungen Gottes, der das Böse besiegt. Während Mithras den Stier als Sinnbild der Natur überwindet, auch als Sinnbild der menschlichen Natur, und somit symbolisch den Schritt vom naturbestimmten Tier zum selbstbestimmten Individuum vollzieht, durchlebt Christus

Die erstaunlichen Ähnlichkeiten zwischen Christentum und Mithrasglauben erstrecken sich bis zu einzelnen Elementen der Liturgie.

ihn innerlich, nämlich an sich selbst. Er überwindet durch den absichtlichen Opfertod am Kreuz nicht nur die Natur im Menschen, sondern auch den menschlichen Körper. Mithras wird Mensch, indem er das Tier (in sich) tötet; Jesus wird Nur-Seele, also gottgleich, indem er den eigenen Körper überwindet. Aus dem Körper des durch Mithras überwundenen Stieres entsteht nach der Mithras-Legende Brot und Wein – ebenso wie aus dem Körper Jesu![24]

Die Überwindung des eigenen Körpers ist der letzte, folgerichtige Schritt, der nach der Überwindung der Natur bleibt. Der Weg des Menschen zu seiner eigenen Vergöttlichung ist mit Jesus Christus theoretisch abgeschlossen und Mithras ist eine notwendige Stufe auf dieser Treppe zur Göttlichkeit.

Die erstaunlichen Ähnlichkeiten zwischen Christentum und Mithrasglauben erstrecken sich bis zu einzelnen Elementen der Liturgie. In den Mithras-Mysterien gab es sieben Weihestufen, ebenso wie bei der katholischen Priesterweihe;[25] die Musik und das gemeinsame Singen spielten im Mithrasdienst bereits eine ebenso große Rolle wie später in der christlichen Liturgie. Der Sonntag, der siebte Tag der Woche ist der heilige Tag des Mithras.[26] Beim Mithrasdienst empfangen Gläubige aus der Hand des Priesters Brote, die mit einem Kreuzzeichen versehen sind, sowie Wein; beides wurde im Verlauf des Gottesdienstes verzehrt, damit die Gläubigen an der göttlichen Kraft des Mithras, die das Böse überwindet, teilhaben konnten.[27]

Bei so viel Übereinstimmung ist es verständlich, daß die Konkurrenz groß war. Man kann davon ausgehen, daß das Christentum nicht nur das Weihnachts- bzw. Mithrakanafest übernommen hat, um Anhänger des Mithras auf seine Seite zu ziehen, sondern auch einige andere Elemente. Die Ähnlichkeiten sind kaum zufällig, sondern bewußt von christlicher Seite angenommen, um für die gläubigen Anhänger des Mithras attraktiv zu werden. Den Kampf um die Gläubigen entschied das Christentum für sich und stieg zur Weltreligion auf. Seit dem ersten Toleranzedikt 311 n. Chr. durch Kaiser Konstantin, den christlichen Kaiser auf dem römischen Thron, wurden dem Christentum immer mehr Rechte zugesprochen. Der Mithraskult war nur noch geduldet, die meisten heidnischen Kulte wurden verboten, die Tempel geschlossen. 377 wurden Mithras-Heiligtümer in Rom zerstört, in den Provinzen fanden Volkserhebungen gegen ihre Anhänger statt, und der Pöbel plünderte ihre Tempel.[28]

Auch der gotische Chor ist wie die Mithräen mit goldenen Sternen verziert.

Doch wenn auch Religionen verschwinden, Götter verschwinden nicht so einfach. Der mithräische Kult, das ist unbestritten, hatte vor der ›Übernahme‹ des Domhügels durch die christliche Kirche dort einen seiner Schwerpunkte. Das Heiligtum des Mithras auf dem Domhügel, das südwestlich des Dionysosmosaiks gefunden wurde, wurde in der zweiten Hälfte des dritten Jahrhunderts verwüstet und nicht wieder aufgebaut.[29] Interessanterweise wurde ein Weihestein des Mithras, der bei den Ausschachtungen zur Dombauhütte entdeckt wurde, in spätantiker Zeit zerstört, dann noch einmal geklammert, und schließlich doch verworfen.[30] Die Übernahme des heiligen Hügels verlief also offenbar nicht ganz kampflos – die Mithrasanhänger wehrten sich gegen die Vereinnahmung durch das Christentum. Sie unterlagen in diesem Kampf. Der Sieg des Christentums hatte jedoch seinen Preis: Der Dom ist, wenn auch ein überwiegend christliches Gebäude, immer noch (auch) Tempel des Mithras.

Die Mithräen, die Häuser des Gottes Mithras, wurden durch ein Gewölbe überspannt, das mit goldenen Sternen verziert war.[31] Auch den gotischen Chor, den ältesten Teil des heutigen Kölner

Doms, der bereits im Mittelalter vollendet wurde, zieren in scheinbar willkürlicher Anordnung angebrachte goldene Sterne.

Das Gero-Kreuz, eine der wichtigsten und ältesten Christusdarstellungen im Kölner Dom, stellt den Gekreuzigten als menschgewordene Sonne, umgeben von einem Kranz aus Sonnenstrahlen dar.

Gleichermaßen Herrscher über den Tierkreis (Tierkreiszeichen überspannen als Gewölbe den Kopf des Gottes): Mithras...

Das Mithrasweihebild in den Mithräen wurde fast immer von den zwölf Tierkreiszeichen überwölbt. Auch im Kölner Dom finden sich an den verschiedensten Orten und teilweise aus wesentlich späteren Zeiten und Epochen Darstellungen aus den Tierkreisen.

Die Gebetsrichtung des heutigen Kölner Doms ist Osten, Richtung Sonne. Auch die Mithräen waren nach Osten ausgerichtet, da sie die Geburt der Sonne und des Lichtes feierlich erwarteten. Der heutige gotische Dom ist das erste geostete christliche Gebäude auf dem heiligen Hügel.

Die Mitte eines jeden Monats war den Mithras-Gläubigen besonders heilig[32]; die Grundsteinlegung des gotischen Kölner Doms erfolgte an einem 15. August. Zufall?

Die häufigsten Begleittiere des Mithras sind Schlange, Löwe, Rabe und Hund. Es verwundert nicht, daß alle diese Tiere in steinernen Darstellungen in und am Dom zu finden sind. Rabe und Hund sind auch die Begleittiere des germanischen Hauptgottes Wodan/Odin. Zufall?

Der Kölner Dom ist ein Weihnachtstempel, denn die Dreikönigenlegende ist die Weihnachtslegende, die Geburt des

... und Christus: Engelszyklus von Edward von Steinle in den Arkaden des Hochchores (19. Jahrhundert).

Gottes. Die Heiligen Drei Könige huldigen daher dem Mithras ebenso wie dem Jesus Christus. Denn Weihnachten, genauer gesagt die Wintersonnenwende, ist ihrer beider Festtag. Weihnachten ist Mithrakana, denn Jesus Christus wurde ebenso wie Mithras in einer Höhle geboren. Mithras wurde aus einem Felsen geboren und seine Geburt wurde in Höhlen gefeiert, denn die Mithräen, die Mithras-Heiligtümer waren natürliche oder der Natur nachempfundene Höhlen. Und Jesus Christus wurde aus Mithras geboren. Der Dom ist die verchristlichte Mithras-Höhle, der Ort, an dem die Geburt Jesu Christi aus dem Mithras gefeiert wird.

Diese Funktion teilt sich der Kölner Dom mit einer weiteren wichtigen Kirche der Christenheit, dem Petersdom in Rom. Auch am Ort der heutigen römischen Peterskirche wurden früher, zur Hochzeit des Mithrasglaubens ›Taurobolien‹, rituelle Stiertötungen, im Andenken an den stiertötenden Mithras durchgeführt.[33] Der Kölner Dom ist, ebenso wie der Petersdom in Rom, dem heiligen Petrus geweiht. Petrus aber ist, das wissen wir aus der Bibel, der Fels. Und auf dem Felsen Petrus, aus ihm heraus wird das Christentum als Religion und das Papsttum geboren. Mithras – Jesus – Petrus: Geburt und Tod und Wiedergeburt im Fels durch den Fels, aus dem Fels heraus. Wen wundert es, daß der Dom auch ein Ort ist, an dem Stein – Felsgestein – verehrt wird?

Der heilige Stoff

Stein erschien den Menschen seit den frühesten Kulturen als eine verehrungswürdige Substanz. Die Verehrung unbehauener Steine läßt sich schon im Altertum nachweisen, bei den Griechen, Ägyptern, Semiten, Kleinasiaten und auch bei den primitiven Völkern.

Die Dauerhaftigkeit der Substanz, die ihr innewohnende Macht (als Tötungsinstrument oder als Feuerspender), ihre Herkunft unmittelbar aus dem Schoß der Erde machten den Stein zu einem heiligen Stoff.

In den meisten Legenden, die von einer Gottesgeburt handeln, gehen die ersten Götter wie Felsgestein aus der Mutter Erde hervor oder direkt aus dem Felsgestein. Der Gott Mithras ist solch ein felsgeborener Gott, und auch Jesus wurde in einer Felshöhle geboren und ebenfalls in einer Felshöhle nach drei Tagen als Gott wiedergeboren.

An Fundorten der Steinzeit finden sich manchmal neben Werkzeugen aller Art auch Steine, die keine sichtbaren Funktionsmerkmale aufweisen. Da sie keinerlei Spuren von Gebrauch oder Abnutzung zeigen, kann es als sicher gelten, daß sie nicht als Werkzeuge benutzt wurden. Dennoch wurden sie in unmittelbarer Nähe der für die Steinzeit wertvollsten Gebrauchsmaterialien gefunden, nämlich denen der Jagd. Es handelt sich bei diesen Steinen allem Anschein nach um Fetisch-Steine, um Talismane, Glücksbringer, die zu den kostbarsten Dingen gehörten, die die Menschen damals besaßen. Ihnen wohnte eine ganz besondere Kraft inne, die das Schicksal beinflussen, den Träger beschützen konnte.

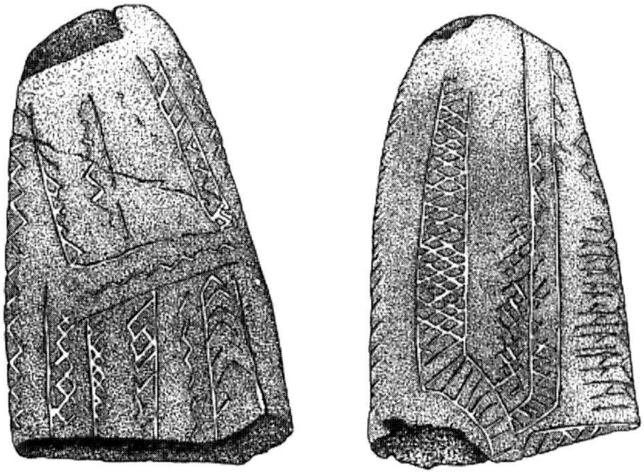

Spirituelles Kontinuum über alle Zeitalter und Kontinente hinweg. Rituelle Steinritzungen aus der Jungsteinzeit. Fundort: Grimaldi, Italien.

Es gibt kaum eine Region der Erde, in der nicht mit Zauberzeichen und geheimnisvollen Ornamenten versehene Steine aus alten Zeiten gefunden wurden: in Australien ebenso wie in Afrika, in China ebenso wie auf dem amerikanischen Kontinent, in Wales ebenso wie in Italien. Die meisten dieser Steine stammen aus archaischer Vorzeit, als die Menschen noch unvoreingenommen an die göttliche Energie dessen glaubten, was direkt aus der Erde stammt.

Doch ist uns heutigen vernunftkontrollierten Neuzeitmenschen dieser Glaube so fremd? Oder empfinden nicht auch wir die mystische Kraft, die urförmige Energie eines gewachsenen Felsbrockens, roh, unbehauen, gegenüber der nichtssagenden Gleichförmigkeit eines von Menschen hergestellten, gebrannten Ziegels? Die Stimme, die uns sagt, daß dem Naturstein, dem gewachsenen Felsen unsere Ehrfurcht und Bewunderung gilt, ist die Stimme unserer Vorväter, die immer noch in uns wohnt. Ganz zu schweigen von der Faszination, die Edel- und Halbedelsteine auf uns ausüben, und die nur zum Teil auf ihrem materiellen Wert beruht.

Der sagenhafte ›Stein der Weisen‹, der unedle Metalle in edle, zum Beispiel in Gold verwandeln konnte, ist immer noch lebendiger Bestandteil unserer mündlichen Überlieferung. Und noch heute sind steinerne Amulette gebräuchlich, die wir bei uns tragen, als Quellen kosmischer Energie.

Nur ein Stück rheinaufwärts von Köln entdecken wir einen weiteren Felsen, dem eine magische Kraft innewohnt: den vielbesungenen und sagenumwobenen Loreley-Felsen bei St.

Goarshausen. Der überlieferte Name ›Lore Lay‹ (erstmals schriftlich belegt 1801 in einer Ballade von Clemens Brentano) bedeutet soviel wie ›Geisterfelsen‹.

Ayers Rock in Zentralaustralien, der sechshundert Millionen Jahre alte, weltweit größte Monolith, wird heute noch von den Ureinwohnern verehrt und ist Schauplatz magischer Zeremonien. Mythen und Legenden ranken sich um diesen Berg, der zum Inbegriff eines ganzen Kontinents geworden ist[34], ebenso wie das Steinmonument des Kölner Doms zum Inbegriff dieser Stadt geworden ist. Touristen erweisen beiden Wundern aus Sandstein ihre Ehre. Ayers Rock und der Kölner Dom erfahren weltweit Huldigung in Diasammlungen, Bildbänden und Reiseprospekten, beide Wunder ziehen Touristen magisch an, und von beiden ist bekannt, daß Touristen und Einheimische magische Handlungen und Rituale zu seinen Füßen bzw. in seinem Inneren vollziehen.

Es besteht kein Zweifel, daß der Kölner Dom einen Großteil seiner beeindruckenden Wirkung aus seiner steinernen Monumentalität schöpft. Die dem heiligen Petrus, dem Felsen geweihte Kirche, ist selbst ein Fels.

Marco Polo berichtet in seinen Reiseerinnerungen von einer alten persischen Stätte, an der im Gedenken an drei Könige dem Feuer gehuldigt wird. Die Legende, die sich um diese heilige Stätte rankt, steht in eindeutigem Zusammenhang mit der christlichen Dreikönigslegende. Die persische Überlieferung berichtet von drei Königen, die auszogen, um einem neu geborenen Propheten zu huldigen. Als Gaben bringen sie Gold, Weihrauch und Myrrhe. Sie treffen am rechten Ort ein und bringen ihm ihre Geschenke dar. Abweichend von der christlichen Überlieferung gibt das Prophetenkind der persischen Legende den drei Königen ein Kästchen als Geschenk mit auf den Rückweg. Die

Könige wissen nicht, was in dem Kästchen ist. Nachdem sie mehrere Tage geritten sind, übermannt sie die Neugier. Sie öffnen das Kästchen und finden einen Stein. Das Geschenk des Steines bedeutete nach der Überlieferung der Hüter der Feuerstätte, daß der in ihnen entfachte Glaube an den neuen Propheten so fest wie ein Fels werden solle. Doch die drei Könige können dieses Geschenk zunächst nicht deuten und werfen es in einen Brunnen. Daraufhin fährt ein gewaltiges Feuer vom Himmel in den Brunnen. Zum Andenken erbauen die drei Könige an dieser Stelle einen Tempel, in dem das Feuer angebetet wird.[35] Die Zoroastrier, Nachfahren der Anhänger des Mithras in Persien, dem heutigen Iran, haben diese Legende bis in unsere Tage bewahrt. Und noch heute beten die Zoroastrier in eben jenen Feuertempeln, von denen die Legende berichtet.

Wenn man das Bauwerk des Kölner Doms bewundert, bewundert man in erster Linie die heilige Substanz selbst, den Stein, und dann, in zweiter Linie, die menschliche Schaffenskraft.

Im Gegensatz zu den meisten Kirchen, selbst den meisten gotischen Kirchen, wirkt der Dom von außen durch die Vielzahl und Art des Schmuckes nicht wie ein Bauwerk, sondern eher wie ein gigantischer, schroff aus der Erde gewachsener Fels. Doch gleichzeitig züngelt der Dom wie eine Flamme, wie Tausende von Flammen gen Himmel. Dem Domfelsen wohnt keine grenzenlose Schwere inne wie dem abgerundeten, förmlich in den Boden hineinsinkenden Ayers Rock. Sein Gewicht von schätzungsweise hundertzwanzigtausend Tonnen[36] scheint sich auf wunderbare Weise nach oben hin von der Erde zu lösen. Ist nicht der Dom selbst die durch die Heiligen Drei Könige errichtete Weihestätte des Felsens und des Feuers, von der die persische Legende berichtet?

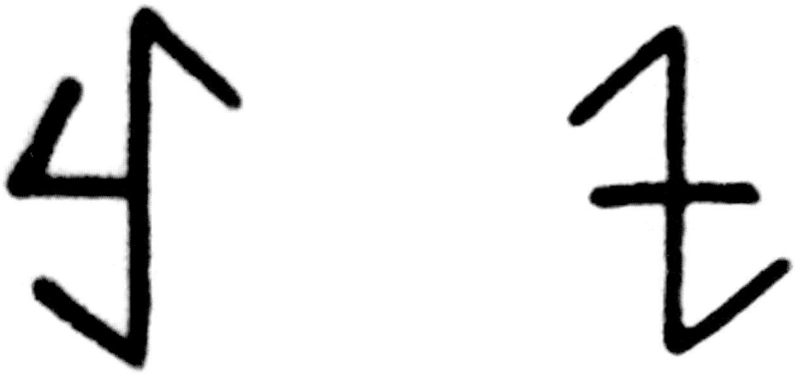

Wenn man das Bauwerk des Kölner Doms bewundert, bewundert man in erster Linie die heilige Substanz selbst, den Stein, und dann, in zweiter Linie, die menschliche Schaffenskraft, die den Stein derart kunst- und wirkungsvoll herrichten kann.

Indem die Steinmetze und Baumeister, die am Dom mitwirkten, den Stein bearbeiteten, ihn formten und in einen ganz bestimmten Wirkungszusammenhang setzten, gaben sie ihm nicht nur eine Form, die eine religiöse, symbolische Bedeutung für sie hatte, sondern sie brachten auch die spirituelle Energie des Steines zur Entfaltung. So wie die Form, die der Steinmetz aus dem Stein herausarbeitet, von vornherein im Stein verborgen ist, so ist auch dessen spirituelle Wirksamkeit schon immer im Stein enthalten. Die Steinmetze und Baumeister benutzten nicht nur die Härte des Steines, um das Bauwerk standfest und unvergänglich zu machen, sondern auch die magische Energie, um die spirituelle Wirksamkeit des Tempels, die Ehrfurcht, die man vor ihm empfindet, hervorzurufen. Ebenso wie sie die natürliche Form des Steines nach ihren Vorstellungen bearbeiten, wird der natürlichen mystischen Energie, die dem Stein innewohnt, eine Möglichkeit gegeben zu erstrahlen.

Auch das Christentum wußte, daß es den Stein beherrschen muß, um sich seine Energien nutzbar zu machen. Um den Stein, dieses durch und durch heidnische Material zu beherrschen,

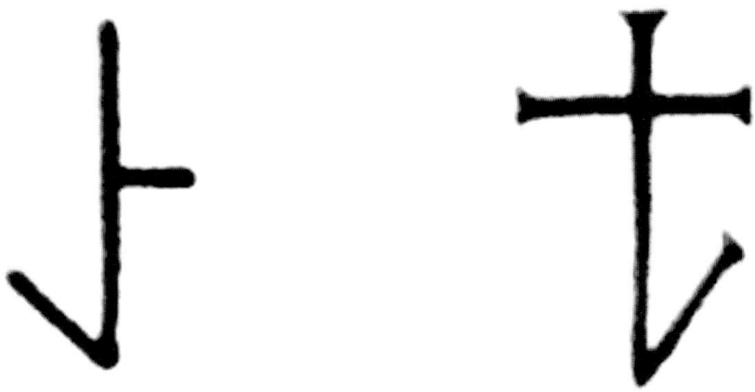

Jedem einzelnen Stein wohnt eine spirituelle Bedeutung inne – einige Beispiele für von Steinmetzen angebrachten Zeichen an Werksteinen des Kölner Domes.

gab es eine Anzahl von Riten und Beschwörungsformeln, die helfen sollten, die kosmischen Energien des Steines in die richtige, die christliche Richtung zu lenken.

So wurden bei der Grundsteinlegung mehrere, in der Regel zwölf Steine oder Körbe voller Steine, die die zwölf Stämme Judas bzw. die zwölf Apostel versinnbildlichen sollten, in die Baugrube getragen und über die verschiedenen Bauabschnitte verteilt.[37] In die ersten Fundamentabschnitte wurden zeitweise auch, durch biblische Texte begründet[38], Edelsteine eingemauert.

Schon bei der Grundsteinlegung wurde dem noch nicht vorhandenen Gebäude die zukünftige christliche Aufgabe durch den Ritus auferlegt – von Anfang an sollten die Energien des Steines der christlichen Aufgabe unterstellt werden.

Eine besondere und sehr rätselhafte, nicht unbedingt christliche Rolle bei dieser ›Weihe‹ des Materials spielen die ›Steinmetzzeichen‹. Diese Einkerbungen der Steinmetze finden sich auf vielen Werksteinen des Doms. Ihre genaue Bedeutung ist nach wie vor umstritten. Diese Zeichen wurden nur auf bestimmten Steinen angebracht. Warum?

Stein war auch den Germanen ein heiliger Stoff. Die germanischen Stämme waren sehr fetischgläubig.[39] Grundsätzlich kann man sagen, daß den Germanen die gesamte Natur in ihrer vom Menschen unverfälschten, naturbelassenen Form heilig war: Bäume waren heilig, Wälder, Moore, aber ganz besonders auch Steine und Steinformationen. Der Stein wurde bei den Germanen ebenso wie das Moor als rituelles Tötungsinstrument verwendet. Die natürliche Macht der Dinge wurde, ohne deren Urzustand zu verändern, zu heiligen Handlungen benutzt, zum Beispiel um einem Opfer das Rückgrat zu brechen.

Die Thingstätten, das sind die Stätten, wo die Germanen ihre Versammlungen abhielten, standen unter dem besonderen Schutz der Götter, weil sie üblicherweise von einem Kreis aus Steinen umgeben waren. Die nordische Kristnisaga erzählt von einem Kodrán, der auf seinem Hof einen Stein hatte, den er verehrte, weil ihm aus diesem göttlicher Rat und Lebensglück zuströmte.[40]

Mit magischen Runen verzierter Stein in germanisch-nordischer Tradition. Der Runenstein von Jellinge (Dänemark).

Es war germanisch-nordische Sitte, die Toten bzw. ihre Überreste nicht nur mit Erde, sondern häufig auch noch mit einem Grabstein zu bedecken. Fürstengräber wurden üblicherweise mit großen, heiligen Steinen, Dolmen bzw. Menhiren, bedeckt. Sie sollten gewährleisten, daß die Toten nicht aus dem Totenreich zurückkehren. Diese Sitte der steinernen Grabplatten besteht bis heute in den mittel- und nordeuropäischen Ländern, und noch das ›Handwörterbuch des deutschen Aberglaubens‹ sieht ihren Sinn darin, die Toten im Grabe festzuhalten.[41] Germanisch-nordische Anschauung hat sich hier über die Jahrhunderte hinweg im Volksglauben bewahrt.

Eine besondere Wirksamkeit, eine hohe spirituelle Energieentfaltung konnte nach germanischem Ritus einer heiligen Substanz durch die Beschriftung mit Zauberzeichen verliehen werden. Mit Runenzeichen geritzte Holzstäbe wurden von germanischen Priestern und Sehern benutzt, um die Zukunft vorherzusagen – unser heutiger Begriff ›Buchstabe‹ kommt von diesen magischen, mit Zauberzeichen versehenen Holzstäben.

Mit Zauberzeichen und -sprüchen in Runenform versehene Steine nennt man ›Runensteine‹. Runensteine finden sich nicht nur in der Nähe heiliger heidnischer Stätten und Grabanlagen, sondern auch in der Nähe christlicher Kirchen und frühchristlicher Gräberfelder. Das bedeutet, das Christentum konnte den heidnischen Brauch, Steine und Hölzer mit magischen Zeichen zu markieren, nicht unterdrücken.

Die Steinmetzzeichen, die man auf vielen Werksteinen des Doms findet, sind zum allergrößten Teil germanische Runen oder verwandte Zeichen. Warum sollte es sich nicht auch hier um magische Zauberzeichen in altgermanischer Tradition handeln, womöglich im christlichen Sinne umgedeutet?

Die Runensteine sind mit Zaubersprüchen und Zeichenkombinationen versehen, die heute nicht mehr eindeutig zu interpretieren sind. Häufig aber handelt es sich einfach nur um die Namen derjenigen, die diese Steine aufgestellt haben. »Des Gunnwalds Stein, des Sohnes Hroalds, des *thulr* (etwa: Runendeuters) auf Salhaugar«, lautet die Inschrift eines Runensteines aus dem Anfang des neunten Jahrhunderts.[42] Selbst wenn die Theorie zutreffen sollte, daß die Steinmetzzeichen auf den Werksteinen des Kölner Doms nur den Namen des Steinmetzen festhalten sollten, der diesen Stein bearbeitet hat, so ist doch eine erstaunliche Parallele zu den germanischen Runensteinen festzustellen. Auch die germanischen Runensteine sollten häufig nur auf den Aufsteller verweisen und für ihn die göttliche Gnade erwirken. Aus dieser Tradition heraus mögen die Steine des Kölner Doms mit den Namens- oder Zauberzeichen gekennzeichnet worden sein, um beim Christengott und möglicherweise bei anderen Göttern, deren Kräfte ebenfalls in diesem Heiligtum wirksam sind, für die Aufsteller und Bearbeiter dieser Steine zu bitten. Denn eine Kennzeichnung in Form einer ›Signatur‹, aus dem Stolz des ›Steinkünstlers‹ heraus, kommt für das zwölfte und dreizehnte Jahrhundert nicht in Frage. Es gibt am ganzen Dom keine Darstellung des ersten Dombaumeisters, Meister Gerhard. Wenn sich noch nicht einmal der oberste Werkmeister an seinem Werk verewigen durfte, warum sollten dann einfache Zulieferer wie Steinmetze Steine mit ihrem Zeichen versehen dürfen?

Es kann kein Zweifel bestehen, die Steinmetzzeichen sollen den Stein als heiliges Opfer des Herstellers kennzeichnen, als Opfer an die göttlichen Gewalten, zu deren Dienst und Verehrung dieses Bauwerk entstand. Sie haben den Charakter von heidnischen Opfersteinen. Die Steine des christlichen Bauwerks werden damit zu ›Zaubersteinen‹, die dem Auf- und Hersteller die Gunst der Göttern und Götzen erwirken sollte.

Die Steinmetze haben am großen Werk des Glaubens ihre Zeichen angebracht, weil sie teilhaben wollten an der Heiligkeit und magischen Energie dieses Gebäudes. Sie taten dies auf dieselbe Art wie ihre germanischen Vorfahren, die Steine mit ihren Zauberzeichen rund um die Gräber der Vorfahren schichteten. Oder aber weil sie auf die christliche Heiligkeit allein nicht vertrauen, die den Steinen innewohnende magische Kraft nicht nur dem christlichen Anliegen widmen wollten. Diese Sitte der Kennzeichnung der Werksteine des Kölner Doms hat sich bis in die heutige Zeit erhalten, wenngleich den Steinmetzen unserer Zeit der ursprüngliche Sinn dieser Weihehandlung sicher nicht mehr bewußt ist.

Der Apostel Thomas ist der Schutzpatron der Steinmetze und der Baumeister. Auf bildlichen Darstellungen erkennen wir ihn am Werkzeug, dem Winkeleisen. Thomas ist der Apostel, der als ›der ungläubige‹ bezeichnet wird, weil er, als ihm der wiederauferstandene Christus erscheint, die Wundmale sehen und berühren will, um sich von der Echtheit der Erscheinung zu überzeugen. Thomas soll, der ›Legenda aurea‹ und anderen Heiligenlegenden zufolge, in seiner späteren Wirkungszeit nach Persien gereist sein und dort die Heiligen Drei Könige getroffen und getauft haben. Auf einer Chorschrankenmalerei des Kölner Doms aus dem vierzehnten Jahrhundert wurde die ›Bischofsweihe der Heiligen Drei Könige‹ durch eben jenen ›ungläubigen‹ Apostel Thomas dargestellt.

Hier schließt sich ein Kreis: Die Heiligen Drei Könige waren diejenigen, die die Göttlichkeit Christi als erste erkannt haben. Durch ihre Anbetung, ihre Gaben wurde Jesus Christus erst zum Gottkönig. Diese ›Heiligen der erste Stunde‹ aber bedurften der Taufe, da sie selbst natürlich keine Christen waren. Wer wäre geeigneter gewesen als der Apostel, der selbst eines konkreten Gottesbeweises bedarf?

Der Kölner Dom ist dieser heilige Stein, dieser Tempel, das Geschenk des Gottes selbst an diejenigen heidnischen Männer, die ihn zum Gott gemacht hatten.

Es ist das große Thema des Kölner Doms in neuer Variation: die unmittelbare Berührung von Christentum und Heidentum, von Glauben und Unglauben, die Legitimation des Christentums durch die Vorläuferreligionen, die Geburt und Wiedergeburt von Göttern. Das Christentum siegt nämlich beileibe nicht über die alten Götter und Geister; es wird von ihnen inthronisiert und legitimiert, es baut auf ihnen auf, auch wenn es das nicht zugeben will.

Die Heiligen Heiden, die Christus von heidnischer Seite als neuen Gott begrüßten, bedürfen ihrerseits der Anerkennung durch die neue Religion, den neuen Gott, damit sie in den christlichen Glaubenszusammenhang aufgenommen werden können. Der neue Gott gibt den Heiligen Drei Königen die Anerkennung, die sie ihm einst erwiesen haben, zurück.

Dies ist der tiefere Sinn der Gabe des Steines in der alten persischen Legende. Der Kölner Dom ist dieser heilige Stein, dieser Tempel, das Geschenk des Gottes selbst an diejenigen heidnischen Männer, die ihn zum Gott gemacht hatten. Daher ist er ein Tempel des Heiden- wie des Christentums gleichermaßen.

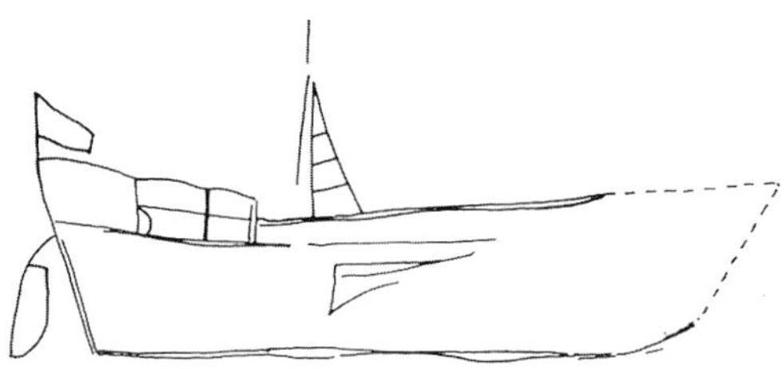

Ausdruck von Langeweile während der Messe oder archaischer Ritus zum magischen Schutz des Schiffes? Ritzung vermutlich einer Kogge im Kölner Dom, Pfeiler E 14 (oben sichtbare Reste trotz starker Verwitterung, unten die grafische Nachzeichnung).

Am westlichen großen Dienst des Pfeilers E 14 der Nordseite des Chorumgangs (am Fußende des Grabmals Wilhelm von Genneps) in einer Höhe von einem Meter dreißig bzw. vierzig Zentimeter über dem Sockelprofil befindet sich die etwa zehn Zentimeter lange und vier Zentimeter hohe Einritzung eines Schiffes.[43]

Es handelt sich dabei vermutlich um eine Kogge, ein Handelsschiff, das im vierzehnten und fünfzehnten Jahrhundert auf der Nord- und Ostsee üblich war.

Das Schiff auf dem Pfeiler des Kölner Doms ist kein Einzelfall. Welche Funktion diese Zeichnungen hatten, wer sie angebracht hat, ist unbekannt. Vermutlich waren es Schiffer, die für ihr Schiff den göttlichen Segen erbitten wollten und einen Gottesdienst nutzten, um ihr Schiff in diesem heiligen Gestein zu verewigen. Eine ähnliche Ritzung ist auch für ein Karmeliterkloster in Helsingör und die Marienkirche in Berlin belegt.[44]

Bemerkenswert dabei ist, daß man, soweit bislang bekannt, in den Kirchen ausschließlich Ritzungen von Schiffen findet, nicht aber Reitpferde, Fuhrwerke oder Bauernhöfe. Die Schiffsleute scheinen eine Sitte entwickelt zu haben, die einmalig ist und deren Wurzeln im Dunkeln liegen, die aber deutliche Parallelen zum ›heidnischen‹ Brauch der Zauberzeichen erkennen läßt.

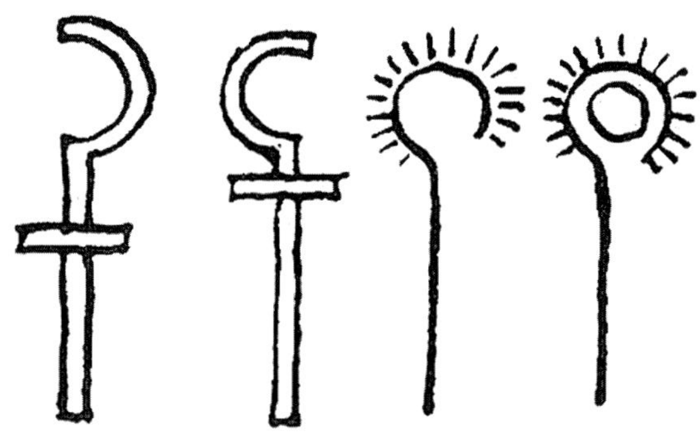

Germanische Krummstäbe – Zeremonienstäbe zur Sonnenwendfeier.

Ist es nur ein zufälliges Zusammentreffen, daß sowohl an frühzeitlichen wie auch an nordisch-germanischen Heiligtümern Felsritzungen von Schiffen anzutreffen sind, denen man im allgemeinen die Funktion von Totenschiffen zuspricht? Daß das Symbol des Schiffes im germanischen Brauchtum Gegenstand eines tiefen Mysteriums ist, ist verständlich, denn die Schiffahrt bildete bei den Germanen eine lebenswichtige Grundlage ihrer Existenz. Vieles von diesem Mysterium ›Schiff‹ hat sich ebenfalls bis heute erhalten, vom unheilbringenden Elmsfeuer über Geisterschiffe bis hin zu den auch in Köln traditionellen Schiffsumzügen (Mülheimer Gottestracht). Auch die heutigen Karnevalswagen stehen in engem Zusammenhang mit der Schiffssymbolik, wie ja das ganze Karnevalsfest geprägt ist vom Geister- und Dämonenglauben, vom engen inneren Zusammenhang zwischen Fruchtbarkeit und Tod.

Den germanischen Ritzungen von ›Totenschiffen‹ beigegeben sind häufig die Symbole von Auferstehung und Leben, das

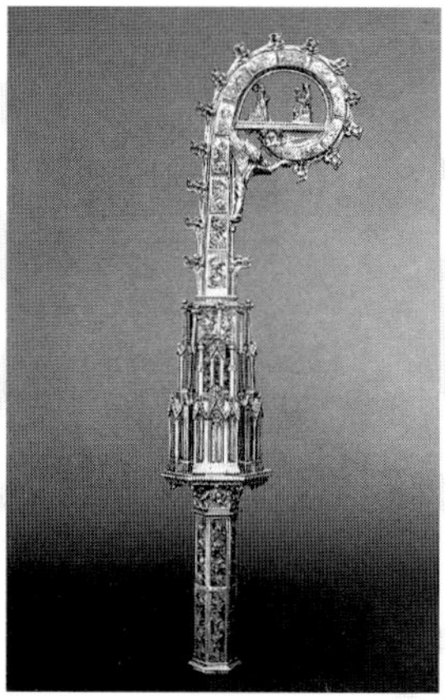

Bischofsstab aus dem Domschatz (14. Jahrhundert).

Sonnenzeichen in Form eines Rades sowie ein Gott oder Priester, der die Arme zum Licht emporreckt – eine Gebetshaltung, die auch beim christlichen Priester üblich ist. Das Schiff ist ein uraltes Symbol für den Übergang vom Leben zum Tod. Nicht nur den Pharaonen des alten Ägypten wurden Schiffe auf ihre lange Reise in das Reich des Todes beigegeben.

Dieser Symbolik waren sich die Seeleute zu allen Zeiten bewußt, und tatsächlich befinden sich Seeleute ständig zwischen Leben und Tod, denn der jederzeit mögliche Untergang des Schiffes bedeutet in aller Regel den sicheren Tod. Jedes Schiff ist symbolisch ein Totenschiff.

Das Sonnenrad auf acht Speichen reduziert – auch die Mithrasanhänger sind dem spirituellen Kontinuum der Sonnendarstellung verhaftet. Relief auf tönernem Opfergefäß, Fundort: Köln, Zeughausstraße.

Im oben erwähnten Falle der Berliner Marienkirche befindet sich die Schiffsritzung in einem Wandgemälde des Totentanzes, und auch im Falle des Kölner Doms in unmittelbarer Nachbarschaft zu einem Grabmal.

Das immer wiederkehrende Zusammentreffen wesentlicher Elemente – Steinheiligtum, Schiff, Sonne, Tod – ist frappierend. Auch in diesem Falle scheint sich ein uralter Bedeutungszusammenhang im Bewußtsein des Volkes und der Gläubigen erhalten zu haben. Der heidnische Glaubensinhalt setzt sich durch, wird aber unter christlichen Vorzeichen umgedeutet, ohne daß die alte Bedeutung ganz verlorengeht.

Die Schiffsleute, die ihr Schiff dem Gemäuer des Doms anvertrauten, folgten ebenso wie die Steinmetze intuitiv oder ganz bewußt einem uralten Kult, der es ihnen gebot, den in ihrem Be-

Magisches Gewimmel und spirituelle Archetypen: germanisch-nordische Sonnenräder und Totenschiffe. Die Sonnenräder nehmen in erstaunlicher Weise den in der christlichen Kunst ausschließlich Christus vorbehaltenen Sonnennimbus vorweg, die erhobenen Arme entsprechen einer üblichen Gebetshaltung christlicher Priester – Felsritzung von Stora Backa, Bråstadssocken.

ruf ständig drohenden Tod durch ein Zauberzeichen zu bannen. Der christliche Glaube hätte einer solchen Zeichnung nicht bedurft, denn Gott ist überall, er hört und sieht alles, es hätte lediglich eines Gebetes in Todesgefahr bedurft, um die Anforderungen des christlichen Glaubens zu erfüllen. Doch auf das Gebet allein wollten die Seeleute offenbar nicht vertrauen, statt dessen rufen sie die Geister und Mächte des Doms an.

Der behauene, gewandelte und durch Zauberzeichen geweihte Stein erlangt eine Heiligkeit, die über die Substanz, über den einzelnen Stein weit hinausgeht. Die ihm von jeher innewohnende Energie wird freigesetzt. Der Tempel aus Stein transzendiert in der gleichen Weise das Material, aus dem er erbaut wurde.

Der heilige Felsen des Doms ist begehbar, es gibt ein Tor, durch das man in das Innere des Felsens treten kann, und das Innere ist gegenüber dem Äußeren völlig verschieden. Der grobe, schroffe, die Härte der Natur bewahrende Eindruck des Äußeren weicht der glatten, lichtdurchströmten Harmonie des Inneren. Ursprünglich war der Eindruck noch harmonischer als heute; da es in der mittelalterlichen Kathedrale keine Kirchenbänke gab, rundete der ebenfalls steinerne Boden den Gesamteindruck ab.[45] Ebenso, wie der Stein sich von außen nach innen wandelt, wandelt sich der Besucher des heiligen Felsens, indem er von außen nach innen schreitet.

Charpentier beschreibt dies für die gotische Kathedrale von Chartres:

> *»Weil sie selbst Bild und Beispiel einer Verwandlung ist, vermag sie zu verwandeln: Das gerade Gewände wird zum Gewölbe, wo Schwere durch Schwere aufgehoben wird und die Steine in gespannter Energie wie auf dem Sprung verharren. Die Kathedrale wirkt, weil sich Materie den lebendigen Gesetzen kosmischer Harmonie gemäß zusammengefügt hat.«*[46]

Der Ausdruck dieser inneren Ordnung und Harmonie aus Stein spricht alle unsere Sinne und Über-Sinne an. Das Innere des Felsens erscheint uns wie ein der Welt entrückter Ort.

Und wir müssen erstaunt feststellen, wie leicht, luftig, gar schwerelos Stein sein kann. Denn der tiefe, ehrfurchterregende Eindruck, den wir im Dom empfangen, ist zu einem großen Teil die Ausstrahlung, die Energie dieser Steine. Wir schmecken sein sandiges Aroma, wir spüren die Kühle, die er in sich birgt. Wir hören den Widerhall unserer Schritte und Stimmen, den die steinerne Harmonie, die über-irdische Ordnung gleichsam magisch bewirkt. Die einzelne Menschenstimme, das Individuum wird durch den Hall über sich hinausgehoben, erfährt sich größer und mächtiger, gottähnlich. Der Stein in seiner heiligen Harmonie bringt die menschliche Stimme auf eine ganz besondere Art zum Schwingen – und ebenso spürbar die menschliche Seele: »Seiner eigenen Schwere vergessend, wird der Mensch zur schwingenden Säule, die – inmitten kosmischer Kraftwirkungen stehend – auf den ihr eigenen Grundton stimmt«, führt Charpentier fort.[47]

Der Dom kann seine steinerne Herkunft transzendieren, ins Himmlische wenden, aber nicht verleugnen. Neben dem christlichen Bauwerk ist er immer noch auch das germanische Steinheiligtum. Wie die Dolmen und Menhire von Stonehenge, den Asterix-Lesern als Hinkelsteine bekannt, ragen die Türme des Doms in den Himmel. Sie schlagen die Brücke von der heidni-

Mystisches Spiel von Licht und Stein: Blick in die Westvorhalle des Domes, antizipierte Darstellung aus dem frühen 19. Jahrhundert, Domwerk von Sulpiz Boiserée.

Die he

schen Mutter Erde in der Tiefe bis in den christlichen Himmel. Gleichzeitig huldigen sie der Sonne.

Die Steinheiligtümer der Kelten und Germanen wie Stonehenge bergen ihren Zauber und ihre Magie in eben diesem Zusammenspiel. Die Sonne macht den Stein lebendig, macht ihn magisch wirksam, weist den Zauberern erst den Weg, indem sie die Schatten der Felsen wirft und in bestimmter Art und Weise wandern und sich wandeln läßt. Erst der Fels macht die Sonne einteilbar, erst der Fels gibt den Zauberern und Druiden das Mittel an die Hand, die Sonne zu beherrschen und von ihr zu lernen, Jahreszeiten zu bestimmen, den günstigen Zeitpunkt der Aussaat und der Ernte festzulegen.

Dieses alte, höchst bedeutsame Zusammenspiel von Fels und Sonne, das Einteilen und Brechen des Lichtes durch Stein und Glas, dieses Aufeinandertreffen der heiligsten Elemente ist es, das auch den Innenraum des Kölner Doms beherrscht.

Wir erinnern uns: Die Heiligen Drei Könige der persischen Legende erbauen einen Tempel aus Stein, um dem Sonnengott zu huldigen.

Die heilige Richtung

Der persische Gott Mithras war eine in der antiken Tradition stehende Verkörperung der Sonne und des Lichtes. Jesus der Gekreuzigte ist eine andere Figur der gleichen Traditionslinie.

Das Mithras-Heiligtum auf dem Domhügel hatte eine Apsis, eine Altarnische, die im Osten, in der Richtung des Sonnenaufgangs lag. Der Mithras-Priester pflegte sich dreimal am Tag in die Richtung der Sonne zu verneigen und Gebete an sie zu richten.[48]

In der zum Mithras-Heiligtum in direkter Konkurrenz stehenden frühchristlich-spätrömischen Kathedrale lag der Altarraum im Westen und der Eingang im Osten[49]; die Ausrichtung der ersten christlichen Kirche auf dem Domhügel war also dem Mithras-Heiligtum genau entgegengesetzt. Diese bewußte Opposition gegen die Gebräuche der Mithras-Anhänger wird im Laufe der Zeit jedoch aufgegeben.

Die mittlere christliche Bauphase am heiligen Ort, mit dem karolingischen Dom im Mittelpunkt, verfügte nach Lage der Rekonstruktionen bereits über zwei Chöre, einen im Osten und einen im Westen, jeweils am Ende des Langschiffs. In jedem der Chöre befand sich ein Hochaltar. Im Ostchor wird ein Marien-

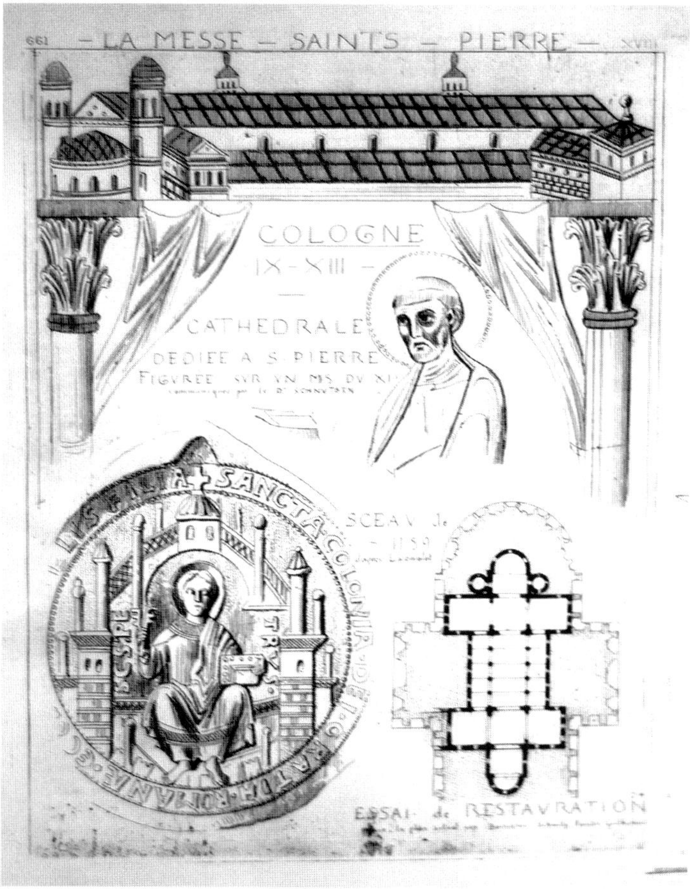

Die Chöre des ›alten‹ Domes, einer im Osten, einer im Westen – Rekonstruktion des Grundrisses aus dem 19. Jahrhundert.

altar angenommen, im Westen ein Petrusaltar.[50]

Wir haben also im ›alten‹ Dom zwei Hauptaltäre und damit zwei Gebetsrichtungen, wobei der Westen wohl die wichtigere und gerade für die großen religiösen Feste übliche war. Im Ostchor, dem Ort des Marienaltars, vermuten die Archäologen den Thron des Bischofs. Eine wirkliche Dominanz des einen Chores über den anderen gab es im karolingischen Dom vermutlich nicht. Je nach Anlaß wurde gen Osten oder gen Westen gebetet.

Interessant ist aber die Verbindung Maria – Osten – Sonnenaufgangsrichtung: Maria gebiert die Sonne, verkörpert durch Jesus Christus. Maria erhält hier eine alte, traditionelle Rolle als Gottesgebärerin, vergleichbar etwa der ägyptischen Göttin Isis.

Isis war eine im Römerreich weit verbreitete Göttin, auch in Köln wurde sie von einer zahlreichen Anhängerschaft verehrt. Es gibt Hinweise darauf, daß im vierten Jahrhundert in der christlichen Kirche St. Gereon zu Köln noch Opfer an die Göttin Isis dargebracht wurden![51] Dies ist eine in doppelter Hinsicht bemerkenswerte Aussage, da wir auch am Ort der Kirche St. Gereon eine lange heidnische Kulttradition vorfinden – ein weiterer Beweis des lebendigen Nebeneinanders von heidnischem und christlichem Ritus.

So wie Jesus an die Stelle des Mithras getreten ist, scheint Maria an die Stelle der Isis getreten zu sein.

Übliches Begleittier der Isis ist ein Stier. Ist es jener Stier, den Mithras tötet? Vielleicht tötet Mithras ihn aber auch nicht, sondern kastriert ihn, beraubt ihn dadurch nur seiner natürlichen Aggressivität, seiner tierischen Natur, domestiziert ihn. Solchermaßen verstümmelt steht der mithräische Apis-Stier in Form des harmlosen Haustieres ›Ochse‹ an der Krippe des Jesus-Kindes, um dem neuen Gott zu huldigen.

Unter beiden Chören des ›alten‹ Doms befanden sich Krypten, die zur Aufnahme von Reliquien vorgesehen waren. Die Westkrypta ist nach Lage der archäologischen Untersuchungen[52] niemals zur Aufbewahrung von Reliquien benutzt worden. Entweder, so vermutete einer der früheren Dombaumeister, Willy Weyres, weil die Reliquien im Normannensturm verlorengegangen sind, oder weil sie niemals beschafft werden konnten. Warum aber baute man einen völlig neuen Dom, wenn es im alten genug Platz gab, die Reliquien der Heiligen Drei Könige würdig aufzubewahren? Bereits der alte, karolingische Dom war ein imposanter Tempel und wurde von Zeitgenossen als ein vollkommenes Bauwerk angesehen – sicherlich ein geeigneter und angemessener Ort für die Heiligen.

Wollte man vielleicht mit dem Neubau die kultische Ausrichtung der Kathedrale korrigieren, den Anschauungen der Zeit anpassen, da das Christentum zwischenzeitlich die alten, sonnenreligiösen Aspekte des Mithrasglaubens wieder angenommen hatte?

Ewiges Provisorium! Der Ostchor des Domes wurde mit einer Abschlußmauer versehen und als eigenständiges Kirchengebäude genutzt; J. Vinckeboon, um 1665. Deutlich sichtbar, der sechszackige Stern, das Zeichen der Heiligen Drei Könige.

Beim Neubau des Kölner Doms wurde ein deutlicher Akzent auf die Ostausrichtung gelegt. Man fing im Osten an zu bauen, und der Ostchor war der erste und lange Zeit einzige Teil, der überhaupt fertiggestellt und benutzbar war. Der Ostchor wurde 1322 geweiht und fungierte von da an lange Zeit als eigenständige Kirche. Die Ostrichtung wurde zur alleinigen Gebetsrichtung, der östliche Teil des Doms zum zentralen Ort des Kultes – und das, obwohl der karolingische Westchor nach dem großen Brand wiederaufgebaut, das heißt nach wie vor benutzbar war. Doch mit der Weihe des neuen, gotischen Doms, wurde die Gebetsrichtung Osten von einem Tag auf den anderen obligatorisch.[53]

Auch der Schrein der Heiligen Drei Könige wanderte zu diesem Zeitpunkt: Vom Westteil, wo die Gebeine zwischen 1248 und 1322 aufgebahrt waren[54], wurde er feierlich nach Osten, an seinen neuen Platz im Ostchor, übertragen, und zwar an die östlichste, der Sonne direkt zugewandte Stelle: die Achskapelle, die heutige ›Dreikönigskapelle‹.

Der Kölner Dom scheint sich im Laufe seiner Entwicklung über die drei klar voneinander zu unterscheidenden Gebäudeformen um hundertachtzig Grad zu drehen: von der spätrömischen Anlage mit dem Altar im Westen und dem Eingang im Osten über eine doppelchörige Kirche mit Altären auf beiden Seiten, bis zur heute noch gültigen, eindeutigen Ostausrichtung des gotischen Doms.

Dies steht ganz klar für eine allmähliche kultische Umorientierung des Christentums: von der ins Jenseitige, in die Todesrichtung des Sonnenuntergangs gewandten Religion der Frühzeit hin zum Wiederaufleben des Sonnenkultes, der Anbetung des Sonnenaufgangs.

Die Ostung des heutigen Doms fällt nicht zufällig wieder mit der Ostung des ursprünglichen Mithras-Heiligtumes zusammen: Jesus hat seine Nachfolge als Sonnengott endgültig angetreten. Nach anfänglich klarer Abgrenzung gegen die Gebräuche der Mithras-Anhänger ist der Dom seit dem dreizehnten Jahrhundert selbst wieder ein Mithras-Heiligtum.

Die Deutung Jesu Christi als Sonnen- und Lichtgott, die im Mittelalter immer mehr in den Vordergrund tritt, ist nicht von der Hand zu weisen. Die Grundlagen dafür sind schon in der Bibel gelegt. Im Neuen Testament gibt es unzählige Stellen, die Christi Sonnen- und Lichtnatur betonen. Christus selbst bezeichnet sich mehrmals als das ›Licht der Welt‹, das Sonnenbild scheint sich von selbst zu ergeben.

In Matthäus 17 wird die Verklärung Christi auf dem Berg mit folgenden Worten geschildert: »... und sein Angesicht leuchtete wie die Sonne, und seine Kleider wurden weiß wie ein Licht.« Diese Darstellung Christi als Lichtquelle nehmen mittelalterliche Bildkunstwerke auf und begründen damit eine neue Tradition. Christus trägt nun nicht mehr nur die Sonnenscheibe als Nimbus, er ist selbst eine strahlende Lichtquelle.

Bei der Hochzeit zu Kana verwandelt Jesus Wasser in Wein. Damit vollzieht er die gleiche Handlung, die im Weinstock durch die kosmische Kraft der Sonne vollzogen wird. Dies ist die zeichenhafte, aber doch unmittelbare Übersetzung des Satzes: »Ich bin das Licht und das Leben.« Denn alles Leben auf der Erde kommt letztlich von der Sonne, und das Licht der Sonne ist die Grundvoraussetzung für das Leben auf der Erde. Die christliche Mystik nimmt sich dieses Bildes an. Für Hildegard von Bingen symbolisiert der Aufstieg der Sonne die Menschwerdung des Gottessohnes.[55]

Gott und Gestirn verschmelzen, Christus selbst wird zur Sonne. Stefan Lochner, Weltgericht, 16. Jahrhundert – auf diesem Gemälde begegnen uns einige Dämonen, die auch den Dom bevölkern.

Natürlich wehrt sich die katholische Kirche zunächst gegen diese ›Heidnisierung‹ des Christus-Bildes. Papst Leo I. (440-461) predigt entgegen der in der Bibel bereits vorformulierten Deutung Jesu Christi als Sonne, als ›Licht der Welt‹, gegen die »gottlose Sitte, daß von gewissen törichten Menschen bei Anbruch des Tageslichtes die aufgehende Sonne von höher gelegenen Orten aus angebetet wird«[56]. Und weiter sagt er:

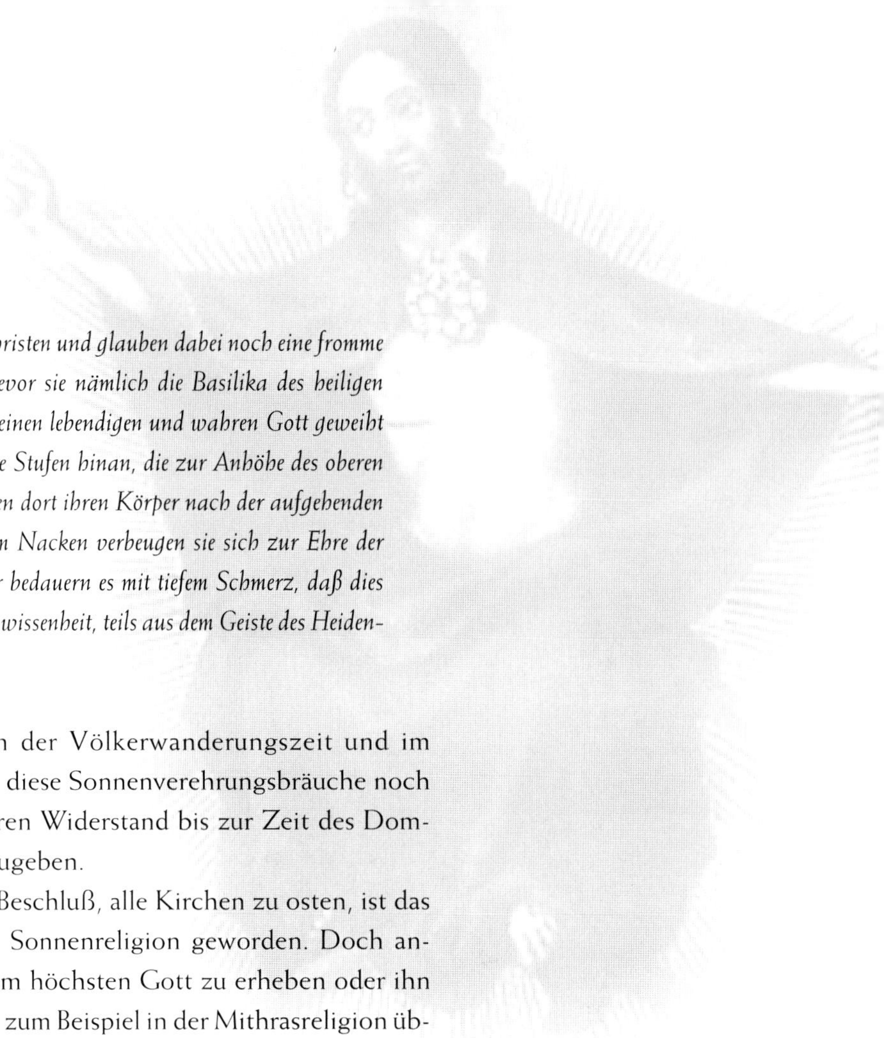

»Dies tun auch einige Christen und glauben dabei noch eine fromme Übung zu verrichten. Bevor sie nämlich die Basilika des heiligen Apostels Petrus, die dem einen lebendigen und wahren Gott geweiht ist, betreten, steigen sie die Stufen hinan, die zur Anhöhe des oberen Vorplatzes führen, wenden dort ihren Körper nach der aufgehenden Sonne, und mit gesenktem Nacken verbeugen sie sich zur Ehre der glänzenden Scheibe. Wir bedauern es mit tiefem Schmerz, daß dies teils aus dem Übel der Unwissenheit, teils aus dem Geiste des Heidentums geschieht.«[57]

Während die Kirche in der Völkerwanderungszeit und im frühen Mittelalter gegen diese Sonnenverehrungsbräuche noch ankämpft, scheint sie ihren Widerstand bis zur Zeit des Dombaus nach und nach aufzugeben.

Spätestens mit dem Beschluß, alle Kirchen zu osten, ist das Christentum wieder zur Sonnenreligion geworden. Doch anstatt die Sonne selbst zum höchsten Gott zu erheben oder ihn mit ihr zu verbinden, wie zum Beispiel in der Mithrasreligion üblich, wird Christus zum Sinnbild, zum symbolischen Stellvertreter der Sonne. Darin mag das tiefere Geheimnis der göttlichen Dreieinigkeit liegen: Christus ist nicht selbst die Sonne, kann es nach tieferem Glauben nicht sein, da er ein Mensch war. Aber er kann ›ihr Stellvertreter auf Erden‹ sein.

Indem die Kirche aber die Sonnenverehrung, wenn auch verschlüsselt, zuläßt, kommt sie einem urtümlich menschlichen Bedürfnis entgegen, das sie niemals ganz unterdrücken konnte.

Die Tradition der Verehrung der Sonne als Gott reicht vom alten Ägypten über die Griechen und Germanen, Kelten und Etrusker, Römer und Slawen bis zur noch heute existenten Religion der Zoroastrier, der Anhänger des Zarathustra.

Plato hat die mystische Lichterfahrung als erster in philosophisch fundierte Worte gefaßt. Im 6. Buche des Staats wird das Gute sowohl als der Grund des Wissens als auch des Seins definiert und dann mit dem Sonnenlicht verglichen, das »nicht nur der Schöpfer der Sichtbarkeit aller sichtbaren Dinge, sondern auch der Fortpflanzung, der Ernährung und des Wachstums ist«.[58]

Warum sollte es ausgerechnet der christlichen Zeit gelingen, diese alte Tradition und dem menschlichen Bedürfnis so entgegenkommende Glaubenslinie zu beenden?

Laut Cäsar spielte die Verehrung der Sonne gerade bei den Germanen eine herausragende Rolle. Nach seiner Überlieferung kannten die Germanen lediglich drei Götter: Sol, Vulcanus und Luna, also die Verkörperungen der Sonne, des Feuers und des Mondes.[59] Mit der lateinischen Bezeichnung ›Sol‹ meinte Cäsar vermutlich Wodan/Odin, den Himmelsgott und sorgenden Weltherrscher, den ›Hauptgott‹ des germanischen Kultes. Es ist bezeichnend, daß auch er in der germanischen Religion mit der Sonne gleichgesetzt wird.

Schon zu Zeiten des Papstes Leo I. war die Nähe des Jesus Christus zu einer Inkarnation der Sonne so augenfällig, daß die Gläubigen sie intuitiv spürten. Neben der oben beschriebenen ›heidnischen‹ Sitte, sich in Richtung Sonne zu verneigen, wurde Christus ebenso wie Mithras in den Katakomben als antiker Sonnengott ›Helios‹ im Sonnenwagen dargestellt.[60]

Der Sonnenkult, aus den Naturreligionen und -kulten übernommen, prägte das Christentum zunächst soweit, daß der Norden als die Seite und die Richtung des Bösen, der Süden als die des Guten gesehen wurde. Dies bedeutet für Mitteleuropa automatisch, daß das Christentum, das aus dem Süden stammt, für das Gute steht, während der Geister- und Dämonenglaube der alten nordischen Tradition vom Bösen gesandt ist. Dies deckt sich rein zufällig mit der altgermanischen Ansicht, wonach der Norden der Sitz der Unterwelt sei.

Nach den anfänglichen Widerständen der Kirchenoberen gegen die heidnische Gleichsetzung Gottes mit der Sonne entschloß sich die Kirche auch hier nach und nach zu einer Annahme und Vereinnahmung der nichtchristlichen Lichtsymbolik.

Ein wesentlicher Schritt in diese Richtung war das Feiern der Geburt Christi am Tag der römischen Feier ›sol invictus‹ (›unbesiegte Sonne‹), dem ›Mithrakana‹ der Mithras-Anhänger, am 25. Dezember. Am Tag der Wintersonnenwende wird in der römischen Liturgie folgender Antiphon (Wechselgesang) gesungen:

»O aufgehende Sonne
Glanz des ewigen Lichtes und Sonne der Gerechtigkeit
komm und erleuchte
die im Dunkeln sitzen
und im Schatten des Todes.«[61]

Indem Jesu Geburt am Tage der Wiedergeburt des Lichtes gefeiert wird, wird er zum Licht oder vielmehr zu einer Verkörperung, zu einer Erscheinungsform der Sonne. Die Menschwerdung Gottes, zentraler Glaubensinhalt der christlichen Theologie, ist gleichzeitig die Menschwerdung des Lichtes.[62] Das Licht nimmt einen menschlichen Körper an, um das Böse, die Dunkelheit, den Tod, verkörpert durch Satan, zu besiegen.

Auch in der Symbolik ist die Kontinuität des Sonnenglaubens in Christus ungebrochen.

In einer Christusdarstellung des Kölner Dreikönigenschreines wird Jesus (wie in vielen anderen Darstellung aus dieser Zeit) mit einem Nimbus, einem Heiligenschein dargestellt, das dem Keltenkreuz entspricht. Das Keltenkreuz aber ist ein altes, vorchristliches Sonnensymbol, ebenso wie dessen Ursprungs-

Spiritueller Archetypus: die Sonne im Lauf der vier Jahreszeiten.

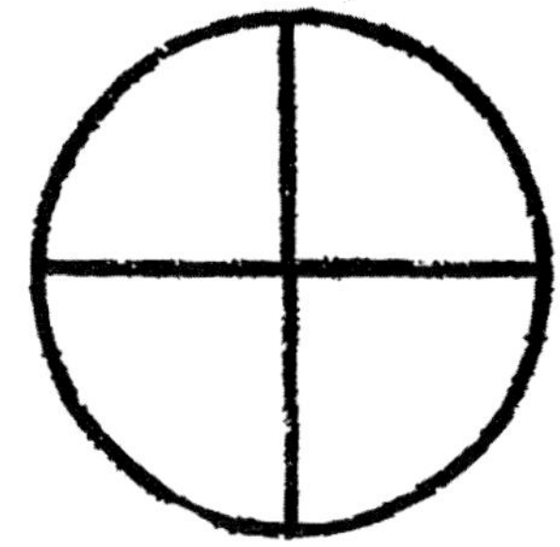

Das ursprüngliche Sonnensymbol.

form, der durch vier Radien unterteilte Kreis, das Sonnenrad. In diesem in Kreuzesform unterteilten Kreis sah man wohl stets ein Bild für den Jahresgang der Sonne, der die vier Jahreszeiten bewirkt. Auch das von den Nationalsozialisten mißbrauchte Hakenkreuz entstammt dieser Traditionslinie.

Variante des Archetyps: auch das Keltenkreuz unterteilt das Sonnenrad in vier Abschnitte – Darbringung des Jesuskindes im Tempel, Köln um 1330.

In der christlichen Kunst ist der Gottesnimbus häufig in Gold oder zumindest in einer goldschimmernden Farbe ausgeführt. Das Metall Gold aber wurde seit dem Altertume dem Planeten Sonne zugeordnet. Eine erstaunliche Erweiterung erfährt die christliche Sonnensymbolik durch das sogenannte ›Christus-Monogramm‹. Als Erklärung gibt man gewöhnlich das Ineinanderschreiben der großen griechischen Buchstaben X (Chi) und P (Rho) an, die Initialen des Namens Christi.

Dies ist, wie Schütze es nennt, eine »exoterische Erklärung«[63], die das dem Symbol zugrunde liegende tiefere Geheimnis nicht kennt oder nicht kennen will. Die esoterische Deutung aber offenbart in diesem Bild das Wissen um die kosmische Größe Christi[64]: Nicht die griechischen Buchstaben für Christus sind dargestellt, sondern Sonne und Mond, die beiden für die Erde so grundlegenden und den Lebenslauf bestimmenden Gestirne.

Im kosmologischen Sinne ist Christus Sonne und Mond in einem, er ist umfassendes Symbol für das gesamte Weltall, deren

Das Sonnenrad mit sechs Speichen.

Erweitert um die Mondsichel . . .

. . . oder um den griechischen Buchstaben Rho: das Christusmonogramm (Fundort: Trier, frühchristlich, Bronzeblech).

wichtigstes, göttlichstes Gestirn aber nicht, wie es das christliche Dogma verlangt, die Erde, sondern die Sonne ist!

Und es sind gerade diese grundlegenden kosmologischen Zeichen, die Verbindung von Sonne und Mond bzw. den Sternen für das gesamte Weltall, die die Heiligen Drei Könige in ihren Wappen tragen. Die Wappen der Heiligen Drei Könige waren im Mittelalter auf bildlichen Darstellungen der heiligen Männer gebräuchliche symbolische Beigaben[65], die sie als adelige Männer und damit wirkliche Könige kennzeichnen sollten. Insofern sprechen diese Wappen das aus, was man im Mittelalter von den Drei Königen dachte, sie geben den mittelalterlichen Deutungskontext wieder. Und über diese Wappen weisen sich die Heiligen Drei Könige als Botschafter der Sterne, als Sternenkönige aus. In ihrer Dreiheit schlagen sie die Verbindung von Sonne, Mond und Sternen zum Menschen. Die Heiligen Drei Könige sind Anhänger der kosmischen Mächte, und indem sie Jesus als ihrem neuen Gott huldigen,

Das heilige Sonnenrad in seiner Ursprungsform, diesmal germanisch. Das Sonnenrad von Trundholm.

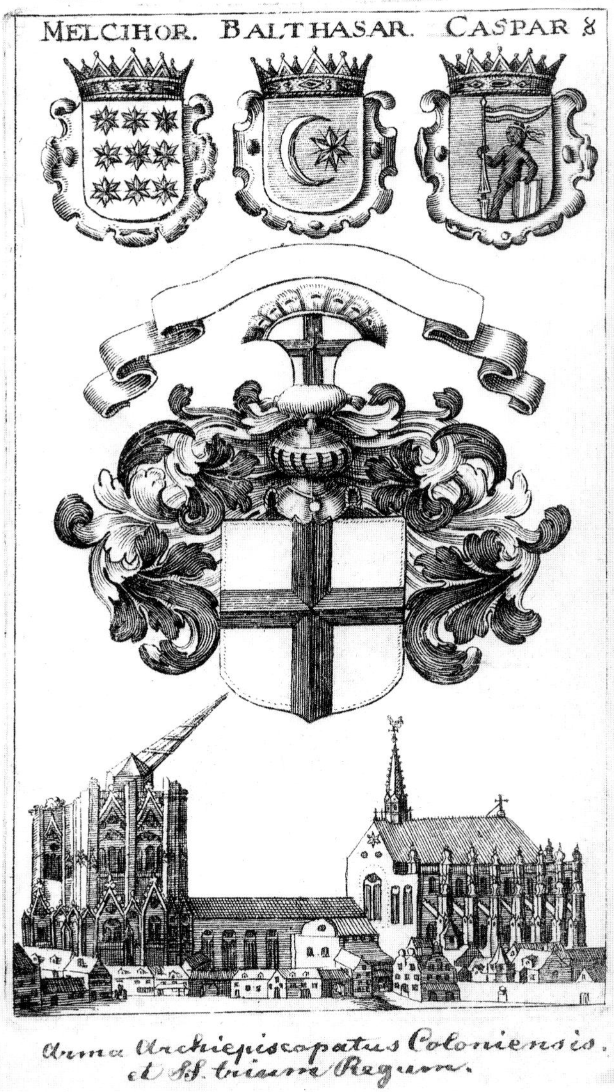

Die Künder kosmologischer Wahrheiten, die Heiligen Drei Könige verbinden die Gestirne mit den Menschen.

akzeptieren sie ihn als Abgesandten, als Verkörperung dieser Mächte.

Nachdem Jesus als Verkörperung der Sonne zum Helios- und Mithras-Nachfolger geworden war und die christlichen Lehrherren ihren Widerstand gegen diesen Glaubensinhalt nach und nach aufgegeben hatte, nahmen auch die Kirchen selbst mehr und mehr den Charakter von Sonnentempeln und Sonnenheiligtümern an.

Teilweise versucht die Kirche, diesen Rückfall ins Heidnische durch christliche Erklärungsmuster zu entschuldigen: »Deswegen werden die Kirchen nach Osten orientiert, wo die Sonne aufgeht, weil in ihnen die Sonne der Gerechtigkeit (Christus) angebetet wird und das Paradies im Osten als unsere Heimat zu bezeichnen ist«, so schreibt Honorius Augustodunensis im zwölften Jahrhundert.[66]

Die der Sonne am nächsten liegende Kapelle ist heute nicht mehr die Marienkapelle, sondern die Dreikönigskapelle, so genannt, weil hier zunächst der Schrein der Heiligen Drei Könige aufgebahrt wurde. Hier manifestiert sich ein grundlegender Deutungswechsel: Christi eigentliche Geburt ist nicht die Geburt aus der irdischen Mutter, sondern die eigentliche Geburt des Gottes findet erst durch die Anbetung der Könige statt. Erst durch sie, die Vertreter des Kosmos und seiner Mächte, wird Jesus zum Gott geweiht, als von den Propheten angekündigter Stellvertreter Gottes auf Erden und Heilsbringer anerkannt. Die Heiligen Drei Könige gebären spirituell den Gott, nachdem Maria körperlich zuvor einen Menschen geboren hatte.

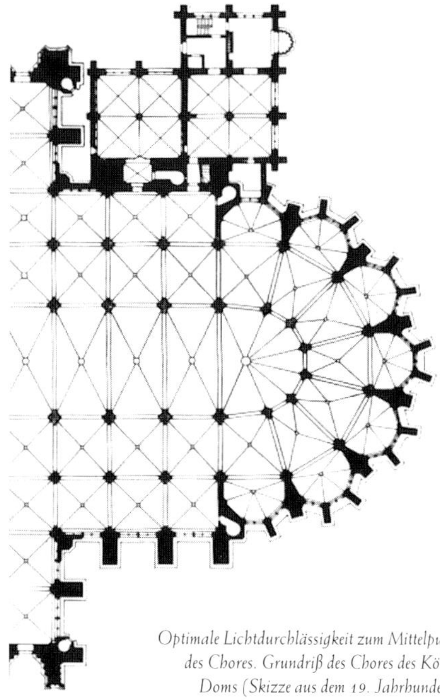

Optimale Lichtdurchlässigkeit zum Mittelpunkt des Chores. Grundriß des Chores des Kölner Doms (Skizze aus dem 19. Jahrhundert).

Im zwölften und dreizehnten Jahrhundert kommt eine interessante Mode auf: Immer mehr Bauherren wünschen, daß die Kirchen ›leuchten‹; das Licht erhält eine entscheidende Rolle für die Wirkung des ›Tempels‹, Helligkeit bedeutet nun Heiligkeit.[67] Dies ist die Geburtsstunde der Gotik.

Die Chorapsis wird im neuen Baustil der Gotik aufgrund ihrer Ostausrichtung, aufgrund der gekrümmten, konvexen Form und der Anordnung der Pfeiler, die maximale Lichtdurchlässigkeit garantiert, mit ihren riesigen Fensterflächen und der Leichtigkeit, der Offenheit des Chores ein Tempel der Sonne. Hier steht ihr Altar. Während der Wandlung, wenn der Priester den Wein und die Hostie erhebt und zum Leib Christi wandelt, huldigt er der Energie der Sonne, die nicht nur Wasser in Wein, sondern auch Erde in Getreide verwandelt, und somit den Menschen nährt. Dies ist das wahre Geheimnis der wunderbaren Brotvermehrung durch Christus. Nur die Sonne kann ein einziges Korn in tausend Brote verwandeln, wie sie Wasser in Wein

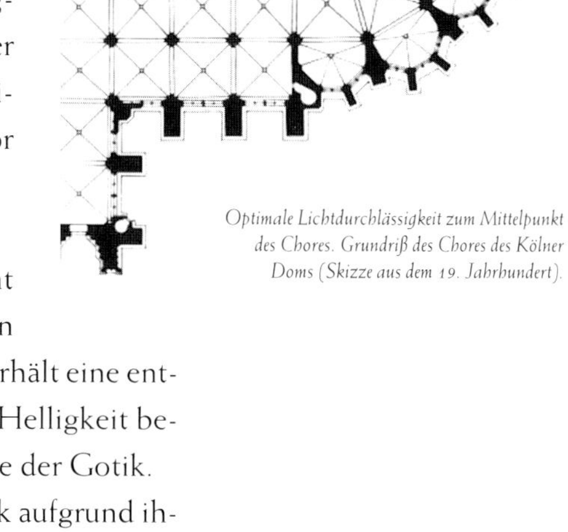

Die Pfeiler verstellen dem Licht den Weg zum Allerheiligsten. Grundriß des Chores von St. Martin-des-Champs in Paris.

Mystischer Lichteinfall in den Hochchor. Stich aus dem 19. Jahrhundert.

verwandeln kann. Nur die Sonne stellt Wein und Brot für alle bereit.

Zur Frühlings- und Herbst-Tagundnachtgleiche geht die Sonne exakt im Osten des Kölner Doms auf. Doch nicht nur an diesen Tagen ist der Chor des Kölner Doms lichtdurchflutet, er ist es stets, selbst an dunklen Regentagen. Die Helligkeit im Inneren des Doms scheint mit der steinernen Massigkeit des Baus, mit der Düsternis, die er von außen ausstrahlt, in einem elementaren Widerspruch zu stehen. Und doch ist es das alte mystische Zusammenspiel von Licht und Schatten, Fels und Sonne, das das Licht dieses Ortes zu einem unheimlichen, heiligen Leuchten erhöht.

Die bunten Fenster sind ein weiteres Mittel, die Lichtwirkung zu verklären. Sie streuen das Licht, färben es, verwandeln die Sonnenstrahlen in sphärisches Leuchten. Die Sonne ist nicht in ihrer wahren Substanz, in einzelnen Strahlen oder als Lichtscheibe wahrzunehmen, sondern als allgegenwärtige Helligkeit, als diffuse und funkelnde Erleuchtung des gesamten Ortes. Die Allmacht, Allgegenwärtigkeit des Lichtes entspricht in der christlichen Interpretation der Allmacht und Allgegenwärtigkeit Gottes. So wie die Anwesenheit Gottes zu spüren ist, ohne daß man Gott sieht, ist das Licht der Sonne im Dom eingefangen, ohne daß man die Quelle des Lichtes unmittelbar sieht.

Der Ort größter Helligkeit im Dom ist der Ort, an dem der Altar steht. Die Gotik erst schafft die reinste architektonische Form, durch die der Sonne gehuldigt werden kann. Denn die Gotik ist der erste Baustil, in der die Wände, die geschlossenen Flächen weithin durch lichtdurchlässige Fenster ersetzt werden.

Das Licht im Zusammenspiel mit den Pfeilern, den Steinen, dem Altar, den Skulpturen, der Wandel von Licht und Schatten ist das heilige, mystische Schauspiel, das auch das Wesen alter germanischer Heiligtümer wie Stonehenge ausmacht. Die

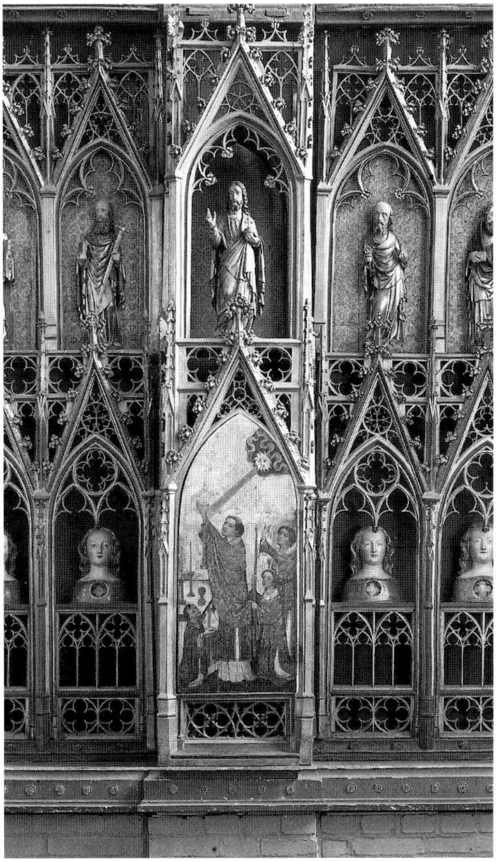

»Das ist der Leib Christi … «. Die Sonne verwandelt Wasser in Wein, Wein in das Blut Christi. Detail aus dem Klarenaltar im Kölner Dom.

Macht der Sonne wird erst deutlich und wirksam, wenn man sie mit dem Stein, mit der Erde konfrontiert. Die Sonne erst läßt Leben aus Stein erstehen, durch den Stein, die Erde erst kann Sonne sich in Leben verwandeln. Dieses Mysterium des Lebens wird im Dom nachvollzogen, nicht nur in der Wandlung der christlichen Liturgie, in der der Priester Brot in Form der Hostie zum Licht, zur Sonne erhebt, damit es von neuem die Substanz Christi annimmt. Auch die Art, in der Stein die Schatten der Sonne wandelt, macht die lebenerweckenden Energien der Sonne sichtbar: An sich leblose Steinfiguren beginnen, Grimassen zu ziehen, Stimmungen zu haben, zu altern, allein durch das Zusammenspiel des Steins mit dem Licht der Sonne.

Die Menschen huldigen seit Anbeginn der Welt dem Stern, der Leben auf der Erde überhaupt erst möglich macht. Der Glaube an die Sonne ist urtümlich im Menschen verankert, wird es immer sein, auch wenn es der vermeintlich hochentwickelten menschlichen Zivilisation eigenartig anmutet, wie einst die Urmenschen der Sonne zu huldigen. Dies mag der Grund sein, weshalb ›Sonnenwesen‹ wie Jesus Christus mit komplexen Legenden und Bedeutungsebenen als Inkarnationen der Sonne installiert werden. Und doch bleibt auch der reine Glaube an die lebensspendende Kraft der Sonne so lebendig, daß zuletzt auch das Grab der Lady Diana gen Osten, Richtung Sonnenaufgang ausgerichtet wurde.

Die Heiligen Drei Könige waren die ersten, die der neuen Verkörperung der Sonne auf Erden huldigten. Sie brachten ihm Gold dar, das Metall der Sonne von alters her. Der Dom als Tem-

Tempel der Sonne, der Kölner Dom als spirituelle Quelle des Lichtes. »Und fertig wird er doch«, Aquarell von Vincenz Statz, 1861.

pel der Heiligen Drei Könige ist daher nicht zufällig ein Ort, an dem die Sonne angebetet wird. Es entspricht seiner Tradition ebensogut wie der Aufgabe der heiligen Männer.

Und der Charakter des Doms als Hort der Sonne, als Altar der Sonne ist so deutlich, daß er im neunzehnten Jahrhundert, als der christliche Glaubensinhalt des Doms mehr und mehr in den Hintergrund trat, selbst zum Sonnensymbol wurde. Der Dom selbst beginnt zu strahlen, der Dom selbst wird die Kraft, die Leben spendet.

Die heiligen Männer bringen die heilige Zahl

Mit den Gebeinen der heiligen Männer, die Reinald von Dassel 1164 in feierlichem Zug von Mailand als Kriegsbeute nach Köln brachte, bekam die Stadt Köln einen spirituellen Mittelpunkt, einen tieferen Sinn. Die Bedeutung dieser Reliquien war damals allen Menschen bekannt, und es war nur folgerichtig, den Vertretern der kosmologischen Mächte einen geeigneten Tempel zur Huldigung und Anbetung zu erbauen.

Schon kurze Zeit später finden drei Kronen als verzerrtes, sehr oberflächliches Sinnbild für die Heiligen Drei Könige Aufnahme in das Stadtwappen Kölns – gemeinsam mit elf Flammen, die angeblich auf die elftausend Jungfrauen im Gefolge der Heiligen Ursula verweisen, die in Köln den Märtyrertod starben.

Verweisen die Flammen nicht vielmehr auf Feuer, auf die Sonne, auf den eigentlichen Gegenstand der Anbetung, der mit den drei Kronen bewußt verschleiert wird? Verweisen sie nicht auf das Heilige Feuer des alten persischen Kultes, das die drei Gottesdiener zu hüten hatten?

In der Quelle, auf die sich die Legenden und Deutungen der ›Weisen aus dem Morgenlande‹ beziehen, dem Matthäusevangelium, ist für die im griechischen Urtext ›magoi‹, also Magier genannten ›Könige‹ keine Zahl überliefert. Die Drei als Anzahl der heiligen Männer taucht erst in späteren Beschreibungen und Nacherzählungen auf. Sie wird allgemeingültig und verbindlich für die christliche Welt bis in die heutige Zeit.

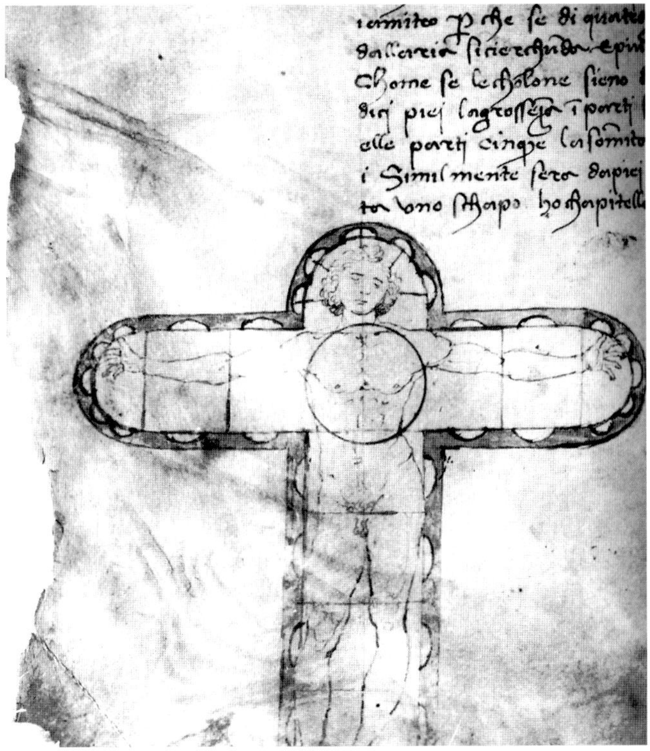

Der Mensch ist das Maß, das Maß ist von Gott. Grundriß einer Kirche entwickelt aus den menschlichen Proportionen (Francesco di Giorgio, Biblioteca Laurenziana, Florenz).

Diese Zahl ist gewiß nicht zufällig gewählt. Mit der zahlenmäßigen Festlegung der heiligen Männer tritt ein weiterer wichtiger Bedeutungskreis in den Vordergrund; ein Bedeutungskreis mit einer spirituellen Tradition, die ebenfalls weitaus älter ist als das Christentum: die Magie der Zahlen.

Die Zahlen sind eine erstaunliche Erscheinung. Auf der einen Seite scheinen sie eine Erfindung des Menschen zu sein, da sie sich ihrer Gestalt nach auf einem hohen Niveau der Abstraktion bewegen und wenig Ähnlichkeit mit der natürlichen Welt der Dinge und Lebewesen zu haben scheinen. Auf der anderen Seite wohnt der Natur das Prinzip der Zahlen ganz eigentümlich inne.

Alle Lebewesen auf dieser Erde sind symmetrisch, nach einer ebenmäßigen Ordnung gebaut, die sich in Zahlen ausdrücken läßt. Die Welt trägt die Zahlen in sich, und so auch der Mensch.

Der Mensch hat zwei Arme, zwei Beine. Die Hand des Menschen ist sichtbar dreigliedrig, und auch der gesamte Körper des Menschen kann in drei Glieder unterteilt werden. Selbst wenn man nicht der strengen Geometrie des im Kreis gegliederten Menschen Leonardos folgt, ist es offensichtlich, daß der Körper des Menschen nach mathematischem Gesetz gebaut ist: zwei nahezu identische Hälften, die sich an der Längsachse spiegeln.

In der gesamten, den Menschen umgebenden Umwelt werden Zahlen, mathematische Gesetzmäßigkeiten wirksam, die schon den Urmenschen bekannt gewesen sein müssen, da sie unmittelbar erfahrbar sind: Die Zweiteilung des Lebensrhythmus in Tag und Nacht, der alles Leben auf der Erde unterworfen ist. Auch die vier Jahreszeiten auf der Nordhalbkugel der Erde sind ohne Kalender klar zu unterscheiden, ebenso die vier Mondphasen. Das menschliche Leben läßt sich ebenfalls in vier Phasen einteilen: Kindheit, Jugend, Erwachsenenalter, Greisenalter. Die Zehn steht noch heute in deutlicher sprachlicher Beziehung zu den ›Zehen‹, die ja wie die Finger eine natürliche ›Zehnheit‹ bilden. Die Zahl Zwanzig ergibt sich aus der Gesamtzahl der Finger und Zehen, und die Eskimos bezeichnen mit der Zahl Zwanzig den ›ganzen Menschen‹.

Der Mond wird rund drei Tage nach seinem Verschwinden vom Himmel wieder sichtbar, und Christus ist am dritten Tage wiederauferstanden. Sieben Tage nach seinem Sichtbarwerden steht der Mond zur Hälfte am Himmel, nach sieben Tagen ist er voll, wiederum sieben Tage später ist er erneut auf die Hälfte dezimiert, und weitere sieben Tage später ist er wieder vom Himmel verschwunden. Die Sieben ist auch die Zahl der im Mittelalter außer der Erde bekannten Planeten: Mond, Merkur, Venus, Sonne, Mars, Jupiter und Saturn.

Im Laufe eines Jahres kehrt der Mond zwölfmal wieder – die Zwölf ist aber auch die Zahl der Apostel Christi und der Tierkreiszeichen. Derartige Bezüge lassen sich in reicher Zahl finden, und es gibt eigene Bücher über die Zahlen hinter den Dingen.

Die Zahl bringt Ordnung in die Welt, und da Gott die höchste Ordnung ist, muß die Zahl von Gott kommen – so die christliche Auslegung im Mittelalter. Gott hat die Welt »nach Maß und Zahl und Gewicht geordnet«, so spricht die Weisheit Salomonis 11, 21, eine Apokryphe der Bibel. Und ohne die Vorherrschaft der Zahl, so sagt der mittelalterliche Bibelgelehrte Augustin, sänke der Kosmos wieder ins Chaos zurück.[68] Die Zahl war Ausdruck göttlicher Allmacht. Und indem man auf die Ordnung der Zahlen, insbesondere der biblischen Zahlen achtete, versicherte man sich der Übereinstimmung mit der göttlichen Ordnung. Auch hier vereinnahmt der christliche Glaube eine allgemein menschliche Anschauung, die eher magisch als christlich zu nennen ist und eigentlich nicht in das christliche Glaubensgefüge paßt. Denn die Zahlen, insbesondere die Zahl Drei, haben in den Ritualen der Magie, bei der Beschwörung von Geistern und Dämonen eine übergeordnete Funktion. Schon der Mithras-Priester pflegte sich dreimal am Tag in Richtung Sonne zu verneigen und Gebete an sie zu richten.[69]

Im Tao des chinesischen Philosophen Lao Tse aus dem vierten Jahrhundert vor Christi Geburt steht geschrieben: »Das Tao erzeugt die Einheit, die Einheit erzeugt die Zweiheit – die Dreiheit erzeugt alle Dinge.«

In den Naturreligionen steht die Drei häufig für eine allumfassende Muttergottheit. Die drei primären Geschlechtsmerkmale der Frau, zwei Brüste sowie die Scham, die ihrerseits die Dreiheit durch ihre Form widerspiegelt, mögen dieses Symbol nahegelegt haben.

Die Idee der Zahl Drei als Zeichen göttlicher Vollkommenheit scheint nicht einer menschlichen Abstraktion zu entstam-

men, sondern einer tieferen Wahrheit der Natur. ›Drei‹ ist lediglich der Name, den die Menschen dieser Erscheinung gegeben haben. Denn die Drei ist die Zahl des Neutrums, dessen, was unseren geschlechtlichen Dualismus übersteigt; wenn Eins die Zahl des Mannes, Zwei die der Frau ist, so kann die Drei nur die Zahl dessen sein, was über Mann und Frau steht, jenseits des Geschlechterverhältnisses: es ist die Zahl des Übersinnlichen, die Zahl Gottes.

Und so ist es gewiß kein Zufall, daß Gott sich den dritten Planeten unseres Sonnensystems gewählt hat, um sich sein menschliches Ebenbild zu schaffen.

Die drei wichtigsten, das Leben auf der Erde fundamental bestimmenden Himmelskörper sind die Erde selbst, die Sonne und der Mond. Christus entspricht diesem kosmologischen Dreiklang in seiner dreifachen Wesenheit als Gottvater, Gottes Sohn und dem Heiligen Geist.

Die ›göttliche‹, ›magische‹ Drei kehrt in ihrer grundsätzlichen, umfassenden Gestalt immer wieder, sie ist Bestandteil unseres Lebens, auch wenn wir nicht an die Transzendenz der Zahlen glauben: »aller guten Dinge sind drei«, »Glaube, Liebe, Hoffnung«, »das Gute, Wahre und Schöne«, die Freudsche Dreiheit von Es, Ich, Über-Ich, aus deren Spannungsfeld sich das menschliche Bewußtsein formiert, die dialektische Dreiheit von These, Antithese, Synthese, die die Antriebskraft aller gesellschaftlichen Entwicklung ist (Gesetztes, Entgegengesetztes und Vermittelndes), die spirituelle Dreiteilung der Natur in Belebtes, Unbelebtes und Gott, das Zerfallen der Zeit in Vergangenheit, Gegenwart und Zukunft – nur eine Handvoll wahllos herausgegriffener Beispiele, die das lebendige Wirken der Magie der Drei selbst in der heutigen Welt verdeutlichen.

Die Heiligen Drei Könige erhalten ihre magische Legitimation durch die Dreizahl. Sie verkörpern die göttliche Macht

Der dritte Turm des Domes. Ansicht der Westfassade von Franz Schmitz (2. Hälfte 19. Jahrhundert). Auf der Spitze des Dachreiters über der Vierung weist der Morgenstern den Gläubigen den Weg zu den heiligen Sterndeutern.

und repräsentieren die ganze Welt, den gesamten Wirkungskreis des Überirdischen. Daraus ergibt sich, daß sie im Mittelalter ganz nebenbei für die damals bekannten Erdteile stehen: Europa, Asien, Afrika. Und nach der Aussage der ›Hystori oder Legend von den heiligen dryen Koeningen‹, aufgeschrieben im vierzehnten Jahrhundert von dem Karmeliterprior Johannes von Hildesheim, brauchten die drei Könige drei Jahre für die Rückkehr von Betlehem in ihre Länder – für den Hinweg hatten sie dreizehn Tage benötigt.[70]

Da der Kölner Dom für die drei heiligen Männer gebaut wurde, mag es nicht verwundern, daß uns die Dreizahl auch in seiner baulichen Gestalt immer und immer wieder begegnet.

Zunächst einmal ist der Dom in seiner heutigen Gestalt die dritte völlig neue Bauform einer christlichen Kirche am heiligen Ort. Das frühchristliche Heiligtum, das vermutlich aus einem alten, römischen Speichergebäude entstand, und der ›alte‹ Dom in karolingisch-ottonischer Gestalt (mit einigen Zwischenstufen, die aber nur Veränderung der alten Form, nicht radikaler Neubeginn gewesen sind) kulminieren im jetzigen Dom, finden hier ihre höchste Vollendung, göttliche Vollkommenheit in der dritten Gestalt.

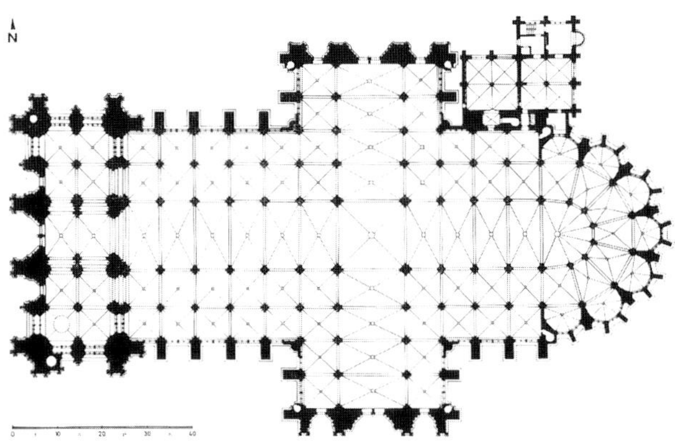

Der Dom zerfällt in Dreiecke – Grundriß mit eingezeichneten Gewölberippen.

Drei Turmspitzen ragen in den Himmel: der Nord- und Südturm und der Dachreiter (der Dachreiter als Vierungsturm über dem Kreuzungspunkt von Langhaus und Querschiff war ursprünglich größer geplant als er heute ausgeführt ist; aus statischen Gründen mußte dieser Plan jedoch aufgegeben werden; dennoch ist der Dachreiter auch heute als Turm erkennbar. Lange Zeit war er sogar der einzige vollendete Turm des Doms).

Für den gotischen Spitzbogen ist das gleichseitige Dreieck das Grundmaß.

Das Dreieck in den unterschiedlichsten Variationen ist die geometrische Grundform, in die der Dom zerfällt. Schon ein Blick in das Kreuzgewölbe läßt dies erkennen. Durch die Gewölberippen wird jedes der rechteckigen bzw. quadratischen Gewölbejoche in vier Dreiecke unterteilt. Ganz gleich, wo man sich im Dom befindet, man steht immer unter einem Dreieck, dem geometrischen Symbol der überirdischen Macht.

Zöge man zwei durchgehende Linien, ausgehend von den beiden östlichsten Außenpfeilern des Querschiffs Richtung Osten, die äußersten Pfeiler des Chores berührend und sich in der Mittelachse des Chores treffend, so ergibt sich ein Dreieck mit exakt drei gleichen Seiten, die alle die Länge des Querschiffs haben. Durch Aufteilung dieses Dreiecks in neun (3x3) gleich große, ebenfalls gleichseitige Dreiecke, lassen sich alle geometrischen Grundmaße des Chores ermitteln. Das Dreieck ist das Maß des Chores!

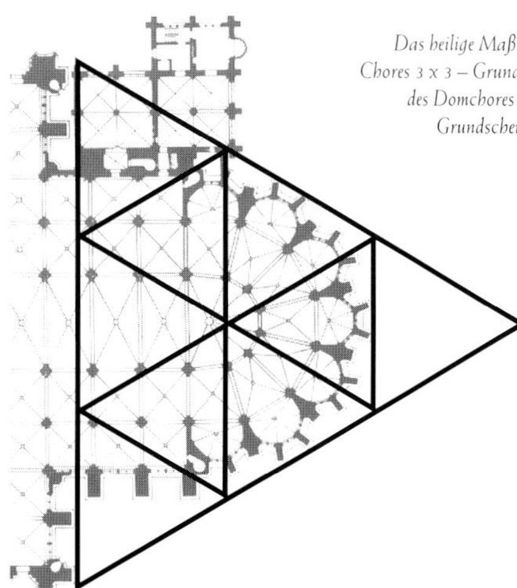

Das heilige Maß des Chores 3 x 3 – Grundriß des Domchores mit Grundschema.

Die Gewölbe der Seitenschiffe sind Quadrate, die durch die Gewölberippen in vier gleich große, gleichseitige Dreiecke zerfallen. Die Mittelschiffe sind jeweils durch verdoppelte Quadrate der gleichen Größe überspannt.

Und auch der Spitzbogen, das die Gotik auszeichnende und gegenüber der Romanik neue Formelement, ist aus dem gleichseitigen Dreieck entwickelt.

Hier als zentrales Schmuckelement der Domfassade: Dreipaß und dreiblättriges Kleeblatt – Ausschnitt aus dem mittelalterlichen Fassadenplan des Domes, um 1300 (Plan F).

Im Fassadenschmuck des Doms, dem sogenannten gotischen ›Maßwerk‹, begegnet uns immer wieder und in großer Zahl eine äußerst charakteristische pflanzliche Form: die des dreiblättrigen Kleeblattes als Kleeblattbögen, manchmal auch in Form dreier ineinander verschlungener Ringe, dem ›Dreipaß‹. Das Kleeblatt galt im dreizehnten Jahrhundert als natürliches Sinnbild der göttlichen Dreieinigkeit.[71]

Im alten Dom gab es drei Altäre: einen für die Gottesmutter Maria, einen für den heiligen Petrus und einen weiteren für den heiligen Dionysius. Auch im neuen, gotischen Dom kehrt diese Dreiheit des Patronats wieder: Wenn man die Heiligen Drei Könige als Einheit betrachtet (und das werden sie für gewöhnlich, schließlich sind sie in *einem* Schrein aufgebahrt und werden gemeinsam verehrt), hat der Dom wiederum drei Schutzheilige: neben den Heiligen Drei Königen werden im gotischen Dom wie schon zuvor der heilige Petrus und die Gottesmutter Maria verehrt. Wir finden hier also eine Versammlung der – nach Gott selbst – wichtigsten Figuren der Bibel: seiner irdischen Mutter Maria, die dem Gott zu seiner menschlichen Gestalt verhalf; Petrus, der Fels, derjenige, der Christi Kirche begründen und ihn damit erst im eigentlichen Sinne unsterblich machen sollte, und die drei heiligen Männer, die ihn zuerst als Gott erkannten und ihm damit die spirituelle Legitimation auf Erden gaben. Damit sind sämtliche ›Gebärer‹ und ›Geburtshelfer‹ des Gottes und seiner Kirche im Dom versammelt und das Grundthema getroffen: die Gottesgeburt.

Ein weiteres Symbol für die Heiligen Drei Könige: die drei ineinandergreifenden Kreise (hier als Detail aus dem Gnadenstuhl von W. Mengelberg, 1904).

Auch das Jahr der Grundsteinlegung des heutigen Doms, 1248, steht im Zeichen der Zahl Drei: 12 und 48 – sowohl die Zahlen selbst als auch deren Quersummen sind allesamt durch drei teilbar; wir zerlegen sie in 3x4 und 3x4x4 – hier werden göttliche Quadrate aufgeschlagen! Auch die Quersumme der Gesamtzahl ist durch drei teilbar: 1+2+4+8 ergibt 15. Wenn man die beiden ersten und die beiden letzten Zahlen addiert: 1+2 ergibt 3, während 4+8 zwölf, also wiederum 3x4 ergibt.

Über Jahrhunderte Symbol und architektonisches Element in einem – Titelblatt eines runden Kartenspiels aus Köln, Meister P. W. Anfang 16. Jahrhundert.

Das Jahr 1248 scheint wie kein anderes geeignet, der göttlichen Zahl Drei einen Tempel zu weihen! Im gleichen Jahr wird auch die Sainte Chapelle zu Paris geweiht, die zur Aufbewahrung der heiligen Reliquie der Dornenkrone Christi erbaut wurde. Damit kommen im heiligen Jahr zwei der wichtigsten Reliquien der Christenheit unter Dach und Fach.

Der Grundstein für den Beginn der sehr viel späteren, zweiten großen Bauphase, die schließlich zur Vollendung des Doms führte, wurde 1842 gelegt – exakt die gleichen Ziffern des Datums der ersten Grundsteinlegung, nur in veränderter Reihenfolge – und bei der Vollendungsfeier für den Dom im Jahre 1880 dauern die Feierlichkeiten drei Tage – Zufall oder spirituelle Absicht?

Die drei größten mittelalterlichen Glocken, die Dreikönigenglocke, die Pretiosa und die Speciosa, bilden seit 1449 ein außergewöhnlich schönes Dreiergeläut im Glockengestühl des Doms, dessen Klangharmonie weithin gerühmt wird. Die Speciosa mußte übrigens dreimal neugegossen werden, ehe sie 1448 durch die Kölner Glockengießer Heinrich Brodermann und Christian Cloit endgültig vollendet wurde.[72] Auch hier führt die Dreizahl zur Vollendung.

Schließlich besteht das Wort ›Dom‹ aus drei Buchstaben, wobei die genaue Bedeutung des Wortes bis heute nicht eindeu-

Vollendet, doch nicht vollkommen: schwerer Bombentreffer an der Flanke des Nordturmes, notdürftig geflickt bis heute.

tig herzuleiten ist. Unbestritten aber ist, daß die Dreizahl der Buchstaben in dem einsilbigen Wort eine unmittelbar zusammengehörige Einheit bilden. Einheit durch Dreiheit, sogar das Wort dient der spirituellen Absicht des Doms!

Dabei mag es reiner Zufall sein, daß das Wort eine deutliche Ähnlichkeit zu dem altgermanischen Wort ›doma‹ aufweist, das einen kuppelförmigen, heiligen Hügel bezeichnet.

In der Stadt Köln, am sichtbarsten im Wappen der Stadt, wird die Dreizahl, die Zahl der göttlichen Vollkommenheit und die ›Maßzahl‹ des Doms, konfrontiert mit der Elf, der Zahl der Unvollkommenheit. Die Elf ist die Zahl, die nur einen Zähler entfernt ist von der Zwölf, der Zahl des geschlossenen (Tier-)Kreises, der Zahl der Apostel, der Monate eines Jahres. Immer nur einen Zähler entfernt von der Vollkommenheit – da verwundert es nicht, daß die Elf die Zahl des Närrischen ist. Sie ist gleichzeitig die Zahl der Verkleidung, des Versteckens. Von den zwölf Tierkreiszeichen sind nur elf zur gleichen Zeit sichtbar, da immer eines hinter der Sonne verborgen liegt.[73]

Die Elf, die in Köln – und nicht nur hier – für den Karneval steht, ist auch eine Zahl des Doms; denn der Dom war über Jahrhunderte hinweg (und ist es noch heute) ein Symbol des Unvollendeten. Man sagt, daß der Dom nie fertig wird; und die längste Zeit seiner Existenz war er ein sichtbares Symbol der Unvollkommenheit und des gleichzeitigen Strebens nach Vollkommenheit. Der Kran auf dem unvollendeten Nordturm des Doms war wie der nach Gottvater ausgestreckte Finger Adams auf dem Gemälde Michelangelos: das Ziel war göttliche Vollkommenheit, aber sie war mit irdischen Mitteln nicht erreichbar.

Die Drei und die Elf, die göttliche Vollkommenheit, der Beweis für Gottes Wirken auf der Erde und die eigene Unvollkommenheit im Streben nach Vollständigkeit und dem Vollkommenen, im Spannungsfeld dieser Gegensätze hat sich der Dom immer bewegt, aus dieser Spannung fließt seine Energie. Denn nur Unvollkommenheit ist spannend, nur Unvollkommenheit regt und zieht an. Das Vollkommene, das in sich geschlossene und energetisch ausgeglichene, kurz ›das Göttliche‹ genannt, ist dagegen langweilig.

Der Dom wird uns immer anregen, in Zukunft wie in der Vergangenheit, denn er wird in der Realität niemals vollkommen sein. Seine Gestalt wandelt sich ständig. Hinter seinen Gerüsten und Bauzäunen spielt er ein närrisches Versteckspiel. Niemand kennt seine wahre Gestalt. Niemals gab es einen Gesamtplan vom Dom, immer nur einzelne Teile konnten festgehalten werden. Keine Fotografie fängt seine Gesamtwirkung ein. Vollendung und Vollkommenheit erreicht er lediglich in der Idee, in der Vorstellungskraft der Menschen. Und das, was zwischen seiner ideellen Vollkommenheit und seiner materiellen Unvollkommenheit liegt, ist reine spirituelle Energie, göttliche Macht, und gleichzeitig der Raum, in dem sich Geister und Dämonen tummeln.

Es ist dies der gleiche Raum, die gleiche Lücke, die sich zwischen der greifbaren Substanz der Erde und der unbegreiflichen Ferne der Sterne auftut. Schon immer hat diese Lücke, diese Distanz die Phantasie und spirituellen Empfindungen der Menschen angeregt. Denn die Lücke zwischen der Erde und den Gestirnen des Alls wird ausgefüllt durch die Macht des Überirdischen. Der Dom schlägt die Brücke zwischen der Erde und den Sternen, steht zwischen ihnen und zehrt von den magischen Energien, die zwischen Erde und All, zwischen Irdischem und Überirdischem fließen.

Der Dom als Hort der Astrologie

Die Anbetung der heiligen Männer aus der Bibel als ›Könige‹ beruht auf einem Irrtum oder vielmehr auf bewußt falscher Überlieferung. Waren doch die Männer aus dem Morgenland keine Könige, sondern ›magoi‹, wie sie die griechische Urschrift des Matthäusevangeliums nennt. ›Magoi‹ sind Magier, genauer gesagt Sterndeuter, Astronomen bzw. Astrologen, was damals dasselbe war. Diese ›wahre Identität‹ der angeblichen Könige war im Hochmittelalter, zur Zeit der Errichtung des Ostchores, noch bekannt. Die Mysterienspiele, die sich zur gleichen Zeit mit dem Themenkreis der Geburt und Anbetung Christi beschäftigten, wurden ›Magierspiele‹ genannt. Und auch die Bildersprache mittelalterlicher Darstellungen der drei Männer ist deutlich: Die drei Weisen deuten auf den Stern, sie sind ›Sterndeuter‹ im doppelten Sinne, sie erkennen den Stern und deuten ihn richtig aus. Außerdem weisen sie die Laien auf

Die Sterndeuter weisen auf den Stern. Detail aus der Chorschrankenmalerei im Kölner Dom (15. Jahrhundert).

die Bedeutung dieser Himmelserscheinung hin, ›deuten‹ ihnen den Weg zum neuen Gott.

Wenn die drei heiligen Männer keine Könige waren und dies im Mittelalter auch bekannt war, warum hat die christliche Überlieferung dann Könige aus ihnen gemacht?

In frühchristlichen Darstellungen werden die drei Weisen fast immer in phrygischen Mützen, also in typisch persischer Tracht dargestellt.[74] Auch der Sonnengott Mithras und seine Anhänger werden grundsätzlich mit phrygischem Kopfputz abgebildet.

›Magier‹ ist die geläufige Bezeichnung für die persischen Priester des dortigen Sonnenkultes, die die Lehren des Verkünders Zoroaster, in Deutschland eher bekannt unter dem Namen ›Zarathustra‹ verkündeten, die die heiligen Feuer hüteten und dem Mithras Opfer darbrachten. Die traditionellen zoroastrischen Opfergaben waren Gold, Weihrauch und Myrrhe.[75] Die Bezeichnung ›Morgenland‹ für die Herkunft der Sterndeuter ist ein Hinweis darauf, daß alle drei Männer aus ein und demselben Land, und nicht, wie in der späteren Tradition vermittelt, aus den drei verschiedenen, damals bekannten Erdteilen stammen. Auch kehren sie der Überlieferung zufolge alle in ein und dasselbe Land zurück: nach Persien, wo die Heilige Helena, die Mutter Kaiser Konstantin später die Gebeine findet.

In Persien gab es zur römischen Zeit eine alte, hochausgebildete Tradition von Sterndeutern und Astronomen, ebenso von Medizinern und ›Magiern‹. Wenn die heiligen Männer aber aus Persien kamen, dann waren sie Anhänger des Mithras und entstammen der alten, mithräischen Tradition, die in Persien ihren Ursprung hatte. Noch heute gibt es in Persien Anhänger des alten Zarathustra mit ihren Feuertempeln, in denen einem Sonnengott, dem Überwinder des Bösen, gehuldigt wird. Auch die persische Legende, die von der Rückkehr der heiligen Männer mit ihrem Stein berichtet, endet damit, daß die drei Weisen einen Tempel zu Ehren des Feuers erbauen!

Die frühchristliche Darstellungsweise der ›Könige‹ als Mithras-Anhänger entspräche völlig den Tatsachen und gäbe der ›Inthronisation‹ Christi durch die ›Weisen‹ einen neuen Aspekt. Wenn es sich bei den ›Heiligen Drei Königen‹ um Mithras-Priester handelt, legitimieren sie Christus als neuen Mithras. Die Anhänger des alten Sonnengottes huldigen hier seinem Nachfolger, seiner Reinkarnation! Vielleicht befindet sich gar Mithras selbst unter den Dreien, um seine neue Verkörperung zu begrüßen und zu legitimieren? Eine Symbolik, die der frühchristlichen Kirche, die in unmittelbarer Konkurrenz zum Mithrasglauben stand, nicht ganz unwillkommen gewesen sein mußte.

Diese Interpretation beleuchtet die Verlegung des Geburtstagsfestes Christi von einer anderen Seite: Solange Christus noch nicht als neue Mithras-Inkarnation allgemein akzeptiert war, solange die Mithras-Anhänger noch an Mithras selbst als den Sonnengott glaubten, mußte der neue Gott durch die Anhänger des Mithras selbst legitimiert werden, um vor ihnen Gültigkeit zu haben. Durch die Opfergaben der Mithras-Priester an Jesus wird Jesus erst als ›wahrer Mithras‹ anerkannt. Die Feier seiner ›Erkennung‹ als Gott, die Epiphanie-Feier am 6. Januar, war die eigentliche Geburt des Gottes. Heute ist dieses Fest nicht zufällig zum Fest der ›Heiligen Drei Könige‹ geworden. Vom ursprünglichen Geburtsfest Christi ist es zum Fest der ›Geburtshelfer‹ Christi geworden.

Als Jesus der Legitimation durch die Priester des Mithras nicht mehr bedurfte, als er selbst als neuer Mithras anerkannt war, konnte das Geburtfest des Mithras, der 25. Dezember eines jeden Jahres zum Fest der Geburt des Jesus von Nazareth werden. Die Geburt Christi, seine ›Niederkunft‹ auf die Welt als neuer Mithras fiel vollständig mit seiner spirituellen Geburt zusammen. Die ›Epiphanie‹, die ›Erkennung‹ des neuen Gottes, fand vorher statt, nämlich in der richtigen Deutung der Sterne durch die Priester des alten Gottes.

Nachdem aber die Legitimation des Jesus Christus durch die Priester des Vorgängergottes überflüssig geworden war, mußte man ihnen eine neue Bedeutung zuschreiben. Aus den Priestern des Gottes Mithras wurden die ›Könige‹, die den Gott stellvertretend für alle irdischen Herrscher und damit alle Völker der Erde begrüßten und als geistlichen wie weltlichen Herren, als ›Gottkönig‹ inthronisierten. Aus der spirituellen Deutung des Ereignisses wurde eine politische; denn nur ein von den anderen ›Herrschern‹ der Welt auf irgendeine Art und Weise legitimierter Gott konnte selbst ein ›Herrscher der Welt‹ werden. Auch auf dieser Umdeutung der Dreikönigslegende baute die Kirche ihre reale Macht im Mittelalter auf.

Das, was man heute ›den Stern von Bethlehem nennt‹, war, darüber sind sich die Wissenschaftler heute einig, eine seltene astronomische Erscheinung mit bedeutender astrologischer Aussagekraft. Im Jahre 7 vor Christus waren Jupiter und Saturn an der Grenze des Zodialkreises, am Übergang vom Zeichen der Fische zum Zeichen des Widders, nämlich genau am Frühjahrspunkt *Zeta Piscium*, in einer dreifachen Konjunktion zu sehen – ein Himmelsphänomen, das durch seine äußerste Seltenheit und ungewöhnliche Helligkeit von aufwühlender Zeugniskraft gewesen sein muß.[76] Es alarmierte die gesamte antike Welt. Ein astrologischer Keilschrifttext aus Babylonien verzeichnet das Ereignis am Sternenhimmel ebenso wie die Bibel.

Die Konjunktion des Jupiter als das Königsgestirn mit dem Planeten der Zeitmessung und Zeitlichkeit, dem Saturn, konnte allgemein als die Geburt eines bedeutenden Königs, eines Überwinders der Zeitlichkeit interpretiert werden. Dem Saturn wird das Element der Erde sowie die Zahl 3, dem Jupiter das Element der Luft und die Zahl 4 zugeordnet. Wir begegnen hier erneut der Zahl 3, der göttlichen Zahl; gemeinsam mit der 4 erhalten wir die symbolische Umfassung des gesamten Kosmos: die 3 und die 4 ergeben die 7, also nicht nur exakt die Jahreszahl der Erscheinung dieses Himmelsphänomens, sondern auch die Zahl des Wochenzyklus und die Zahl aller damals bekannten Planeten. Erde und Luft aber bedeuten den gesamten menschlichen Lebensraum; von der Erde bis in den Himmel erstrecken sich alle kosmologischen Darstellungen des Christentums, in denen die allumfassende Macht Gottes symbolisiert werden soll.

Die ›Hystori oder Legend von den heiligen dryen Koeningen‹ des Johannes von Hildesheim beschreibt den Eindruck dieses Himmelsphänomens folgendermaßen:

»Ob sie ritten oder lagen,
allzeit den Stern sie sahen.
Nicht wie zur Nacht der Mond uns scheint,
wie die Sonne hell – man meint –
wenn im Mittag steht ihr Licht.
Ein gleiches Leuchten sah man nicht!«

Hell wie die Sonne muß der Stern leuchten, der die Geburt des neuen Sonnengottes verkündet, so hell, daß er die ›alte Sonne‹, den alten Gott ablöst.

Astrologie ist auch der Bibel nichts Fremdes, immer wieder werden astrologische Erkenntnisse in christliche Zusammenhänge integriert. Die Erzählung des ›Sterns von Betlehem‹ ist ein zentrales Motiv des Matthäusevangeliums und nur in diesem zu finden. Im Mittelalter gewann dieses Bibelmotiv eine herausragende Bedeutung, so daß die Erzählung in den ›Magierspielen‹, den christlichen Mysterienspielen um die Dreikönigslegende, immer weiter ausgebaut wurde.

Im Mittelalter strömte das Gedankengut der Astrologie und Horoskopdeutung nach und nach durch den neuerlichen massiven Einfluß der arabischen Welt und ihrer Wissenschaftler nach Europa zurück. Wissen, das nie ganz verloren war, erhielt neue Impulse.

Der Philosoph und Theologe Thomas von Aquin, dessen Lebenszeit in etwa mit der ersten Bauphase des Kölner Doms zusammenfällt (ca. 1225-1274), rechtfertigt in seiner Schrift *Summa Theologiae* die Bedeutung kosmologischer Zusammenhänge für das Christentum und diskutiert die zentrale Frage, ob dem Christentum die Weissagung nach den Sternen gestattet sein sollte oder nicht. Thomas sieht es als erwiesen an, daß die Gestirne für Entstehung und Wandel der irdischen Dinge verantwortlich sind. Das bedingt, daß auch im Christentum die Vorhersage zukünftiger Geschehnisse nach den Sternen gestattet sein muß.[77] Im weiteren Verlauf des Mittelalters gewinnt die Astrologie für den christlichen Glaubenskreis eine immer größer werdende Bedeutung. Nicht wenige Päpste des Mittelalters hielten sich Hofastrologen, von deren Erkenntnissen sie ihre Entscheidungen abhängig machten.[78]

Erneut werden hier magische und spirituelle Praktiken der vorchristlichen Zeit, aber auch Erkenntnisse, die dem christlichen Weltbild eigentlich diametral entgegenstehen, in den christlichen Glaubenszusammenhang integriert.

Im Hochmittelalter war das Wissen der Gläubigen über die wahre Identität der ›magoi‹ als Sterndeuter und Astronomen noch nicht ganz versiegt, und teilweise hatten sich sehr spezielle

Kenntnisse über den astronomischen Hintergrund der entsprechenden Bibelpassage (Mt 2,1-12) erhalten. Da die Baumeister des Mittelalters eine fundierte mathematisch-astronomische bzw. astrologische (das Mittelalter kannte die Unterscheidung zwischen Astronomie und Astrologie noch nicht) Ausbildung hatten, war ihnen die Macht der Sterne über das Erdengeschehen und deren Deutung eine feste Größe, ja sie können als Hauptträger dieses Wissens gelten. Es liegt auf der Hand, daß die Baumeister des Doms, die Mathematiker und Astronomen des Mittelalters, mit diesem Bauwerk auch den Mathematikern und Astronomen der Bibel ein Denkmal setzen wollten. Die geometrische Exaktheit und die kosmologischen Verweise des Doms müssen daher als bewußte Huldigungen an die drei Sterndeuter verstanden werden, und nicht bloß als zwingendes Ergebnis eines Bauwerkes, das als statisches Konstrukt den Gesetzen der Mathematik folgen mußte.

Die kosmologischen und astrologischen Verweise des Doms sind vielfältig:

Die Zahl der den Hochchor in einem Kranz umgebenden Seitenkapellen ist die Sieben – exakt die Zahl der im Mittelalter bekannten Planeten. Der Hochchor des Doms, der Ort der Aufbewahrung des Dreikönigsschreins, wird von Standbildern der zwölf Apostel umringt – die zwölf Apostel aber stehen nach üblicher christlicher Deutung des Mittelalters für die zwölf Tierkreiszeichen.

Hoch oben in den Gewölben des Hochchores finden sich ebenso wie vordem im Gewölbe des Mithräums zahlreiche plastisch hervortretende, goldüberzogene Sterne. Die Gebeine der Heiligen Drei Könige werden also überwölbt von einem Sternenhimmel – den Mithras-Priestern ebenso angemessen wie den Astrologen. So können sie unmittelbar zu den Sternen aufblicken und der Deutung der Sterne und ihrer Konstellationen

Gewohnte Umgebung für Astrologen und Anklänge an einen Mithrastempel: die Baumeister des Domes wollten, daß die Gebeine der Heiligen Drei Sterndeuter sich wohl fühlten – vergoldete Zinnsterne im Chorgewölbe des Domes.

Der sechszackige Stern, er wirkt im Verborgenen. Dekorationsmaßwerk in einer Wange des Chorgestühls.

weiterhin nachgehen – ihrem ureigenen Metier. Die Kulthandlungen des Mithrasglaubens umfaßten Feiern zu Ehren aller sieben damals bekannten Planeten, und Mithras wird häufig mit den Sinnbildern der sieben Planeten sowie dem Tierkreiszeichen dargestellt![79] Diese Tradition wird im Dom ungebrochen fortgeführt – und zwar weit über das Mittelalter hinaus bis in unsere Zeit.

Die Sterne sind neben dem Dreieck das beherrschende geometrische Symbol des Doms – nicht das Kreuz! Zwei gleichseitige Dreiecke aber ergeben mit den Spitzen gegeneinandergestellt und ineinandergeschoben den sechszackigen Stern, das zentrale Symbol der Heiligen Drei Könige. Der sechszackige Stern der drei Sterndeuter findet sich auch in der geometrischen Ornamentik des Doms, zum Beispiel im Maßwerk der Wangen des Chorgestühls.

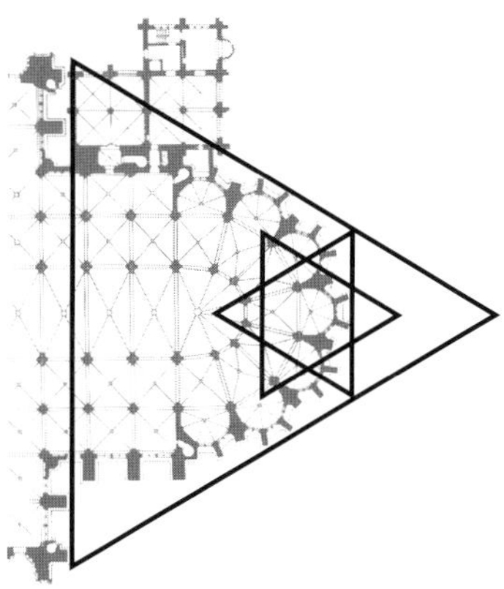

Das Symbol der Könige bezeichnet das Allerheiligste: dort, wo der Mittelpunkt des sechszackigen Sternes liegt, war durch das gesamte Mittelalter hindurch der Schrein der Heiligen Drei Könige aufgestellt.

Und wenn man aus der oben dargestellten Dreiecksanordnung des Chores das östlichste der kleinen Dreiecke in die Mitte des großen Dreiecks, das den Chor umspannt, zieht, erhält man den sechszackigen Stern, das Dreikönigssymbol genau an der Stelle, wo im Mittelalter der Dreikönigsschrein aufgebahrt war: exakt über der Achskapelle des Hochchores, der sogenannten ›Dreikönigskapelle‹.

Der die Stadt Köln bereisende Engländer Thomas Coryate berichtet 1608 von einem schweren Eisengitter, das die Dreikönigskapelle, in der der Schrein der Heiligen Drei Könige damals noch aufgebahrt wurde, gegen den Chorumlauf abgrenzt: es enthält als zentrales Schmuckelement eine große Anzahl goldener Sterne.[80]

Die Mailänder Madonna, Nachbildung einer Madonnenstatue, die Reinald von Dassel zusammen mit den Gebeinen der drei Weisen nach Köln geholt hatte, entstand ungefähr zur gleichen Zeit wie der Hochchor des Kölner Doms. Das Standbild steht heute im Marienaltar, in unmittelbarer Nachbarschaft zum Dombild des Stephan Lochner und unweit des Dreikönigsschreins. Ihr Haupt ist von einem goldenen Kranz aus zwölf Sternen umgeben, deutlicher Hinweis auf Marias kosmologische Funktion: sie ist die Erdgöttin, die im Mittelpunkt der Tierkreiszeichen steht und die Erde gebärt, nach alter Vorstellung die Sonne.

Seit dem Jahre 1559 ist auch ein ›Astrolabium‹ im Dom belegt, das bis in die Mitte des achtzehnten Jahrhunderts existiert hat. Der Utrechter Arnold Buchelius, ebenfalls ein Köln-Pilger, bewunderte es 1587 bei seinem Aufenthalt in Köln. Er beschreibt, wie alle Welt staunend davorstünde, wenn die Figuren der Heiligen Drei Könige hervorträten. Die Uhr zeigte neben dem regelmäßigen Erscheinen der Heiligen Drei Könige, die sich in feierlichem Zug und in Begleitung allerlei orientalischen Beiwerks wie Kamelen, Mohren etc. zum Jesuskind begeben, die einzelnen Tage des Jahres, den Lauf der Sonne, des Mondes und der übrigen Gestirne an.[81] Auch hier werden die Heiligen Drei Könige in unmittelbaren Zusammenhang gebracht mit den kosmologischen Zusammenhängen des Alls.

Auch Maria ist Teil der kosmologischen Ganzheit, zwölf Sterne umkreisen ihr Haupt. Die sogenannte Mailänder Madonna, vermutlich 14. Jahrhundert.

Die Gesamtzahl der Schiffe des Doms beträgt acht (drei Quer-, fünf Langschiffe). Die Acht wiederum ist nicht nur die

Zahl der im Mittelalter bekannten Planeten zuzüglich der Erde (7+1), sondern auch die magische Korrespondenzzahl des Planeten Merkur. Merkur ist der Planet, der der Sonne am nächsten ist!

Die drei Magier der Bibel kamen ja aus dem ›Morgenland‹, d. h. aus der Richtung, die dem Sonnenaufgang, der Geburt der Sonne am nächsten liegt. Der römische Gott Merkur ist die Entsprechung des griechischen ›Hermes‹, Überbringer der Botschaft der Götter, so wie die drei heiligen Männer Überbringer der Botschaft der Sonnengottesgeburt sind!

Hier laufen wichtige kosmologische Wahrheiten zusammen, denn die Planeten ordnen sich nicht irgendwie, sondern in strenger Kosmologie immer auf die Sonne hin. Das Sonnensystem unserer Menschheit ist auf die Sonne fixiert wie das Glaubenssystem. Alle Sterne erhalten ihr Licht von der Sonne, und alles Leben auf der Erde wird nur durch die Sonne möglich. Alle Sterne, die wir mit bloßem Auge am Nachthimmel sehen, sind nichts anderes als Sonnen oder deren Spiegelungen.

Indem die Baumeister des Doms aber in der Bildsprache ihres Bauwerkes Christus als Sonnengott in den Mittelpunkt des kosmologischen Systems stellen, verkünden sie eine Wahrheit, die der von der Kirche offiziell verkündeten diametral entgegenstand. Denn im Glaubenssystem der katholischen Kirche des Mittelalters (bis hinein in die Frühe Neuzeit) war die Erde der Mittelpunkt des Weltalls. Die Baumeister des Kölner Doms verfolgten also einen Plan, der die Wahrheiten der christlichen Lehre zugunsten der kosmologischen Wahrheiten anderer Traditionen, zum Beispiel des Mithrasglaubens, verleugnete!

Somit bauten die christlichen Baumeister des Doms an der offiziellen Lehre der Kirche vorbei, da sie im Besitz von Wahrheiten waren, die tiefer reichten als das von der Kirche offiziell gepredigte Welterklärungsbild. Und die Kirche integrierte in ihre Bildersprache, in den künstlerischen Ausdruck ihrer Glaubenswahrheiten, zu denen Bauwerke wie der Dom unbedingt zählten, unbewußt ein System heidnischer Traditionen und Welterklärungen.

Kosmologische Kontinuität auch im 19. Jahrhundert. Detail aus dem Bodenmosaik im Chorumgang des Domes nach dem Entwurf von August Essenwein.

Auf der Stirnseite des Ostchores, dem Teil des Doms, der im Mittelalter bereits vollendet werden konnte, prangte durch das gesamte Mittelalter hindurch für alle Pilger weithin sichtbar nicht etwa das christliche Zeichen des Kreuzes, sondern ein Stern. Schon nach der Legende des Johannes von Hildesheim errichteten die Heiligen Drei Könige bei ihrer Rückkehr ins ›Morgenland‹ eine Kapelle mit einem sechszackigen Stern auf dem Dach.

So wie der Stern von Betlehem den ersten Pilgern, den ›Heiligen Drei Sterndeutern‹ den Weg zur Wahrheit gewiesen hat, so weist der Stern auf der Stirnseite des Ostchores den neuen Pilgern den Weg zu einer kosmologischen Wahrheit, die nicht unbedingt im Einklang mit der christlichen Weltanschauung stand und steht.

Weder das Kreuz noch die drei Kronen sind das Zeichen der drei Weisen, sondern der Stern, der Stern von Betlehem, der sein Licht von der Sonne empfängt. Diese Tradition hat sich bis heute erhalten.

Vor allem im neunzehnten Jahrhundert, in einer Zeit, da der Einfluß des Christentums auf das Denken und Handeln der

Menschen zunehmend im Schwinden war, werden die kosmologischen Zeichen und Zusammenhänge wiederentdeckt.

Dombaumeister Zwirner setzt am 15. Oktober 1860 auf den von ihm vollendeten Dachreiter, den 109 Meter hohen dritten Turm des Doms, in alter Tradition einen vergoldeten Stern.[82] Der Stern erhebt sich auf der Vierung, das heißt an der Stelle, wo der Altar steht und eigentlich der Dreikönigsschrein seinen Platz finden sollte. Der Stern wird von Anfang an als ›Morgenstern‹ bezeichnet.[83]

Auch die Chorschrankenmalereien von Edward von Steinle, ebenfalls im neunzehnten Jahrhundert entstanden, sprechen eine kosmologische Sprache. Hier finden sich neben einer Hierarchie von Engeln auch die Darstellungen der Sonne, des Mondes, der Erde, der Tierkreiszeichen und einer Anzahl Sterne. Es sind genau zwölf – wie bei der Mailänder Madonna, rund sechshundert Jahre vorher entstanden. Zufall? Oder lebt hier eine eigenständige Tradition fort, völlig unabhängig von der gängigen christlichen Überlieferung?

Interessanterweise beginnt die Bilderreihe von Steinles, wenn man die Bilder in üblicher Lesrichtung, also von links nach rechts, in den Verhältnissen des Doms gesprochen von Norden nach Süden liest, mit dem Tierkreiszeichen der Fische. Dies ist, wie wir uns erinnern, jener Abschnitt des Alls, in dem die dreifache Jupiter-Saturn-Konjunktion zu sehen war, die wir aus der Überlieferung als ›Stern von Betlehem‹ kennen. Zufall?

Es ist eine allgemeine Tendenz, daß im neunzehnten Jahrhundert zunehmend die christlichen Glaubensinhalte verlorengehen. An deren Stelle treten diejenigen, die von den christlichen ursprünglich verdrängt worden waren.

In dieser Zeit wird es möglich, daß im Hochchor des Doms, dem ›Allerheiligsten‹ der christlichen Kathedrale, der Versuch des ›Foucaultschen Pendels‹, des naturwissenschaftlichen Beweises der Drehung der Erde um sich selbst, durchgeführt wird.

Es ist auch die Zeit, in der Friedrich von Hardenberg alias Novalis in seinen ›Fragmenten‹ den zutiefst kosmologischen Gedanken ausspricht: »Wir träumen von Reisen durch das Weltall: ist denn das Weltall nicht in uns? Die Tiefen unseres Geistes kennen wir nicht. – Nach Innen geht der geheimnisvolle Weg. In uns oder nirgends ist die Ewigkeit mit ihren Welten, die Vergangenheit und Zukunft.«[84]

Im neunzehnten Jahrhundert wird es ebenfalls möglich, daß die Feierlichkeiten um die Vollendung des Doms im Zuge des Kulturkampfes weitgehend unter Ausschluß der katholischen Geistlichkeit stattfinden; denn mittlerweile ist der Dom zu etwas ganz anderem geworden als einer christlichen Kathedrale ...

Wenn die christliche Bedeutung, der christliche Gehalt des Doms mehr und mehr schwindet, treten die nichtchristlichen Bedeutungsebenen wie selbstverständlich und mit neuer Kraft wieder zu Tage.

Und diese nichtchristlichen Bedeutungsebenen umfassen die Magie des Ortes, die Magie der materiellen Substanz des Doms ebenso wie die Magie der Zahlen und die Magie der Sterne. Sie umfassen aber auch die alten Geister und Dämonen einer ganz anderen, heidnischen Zeit ...

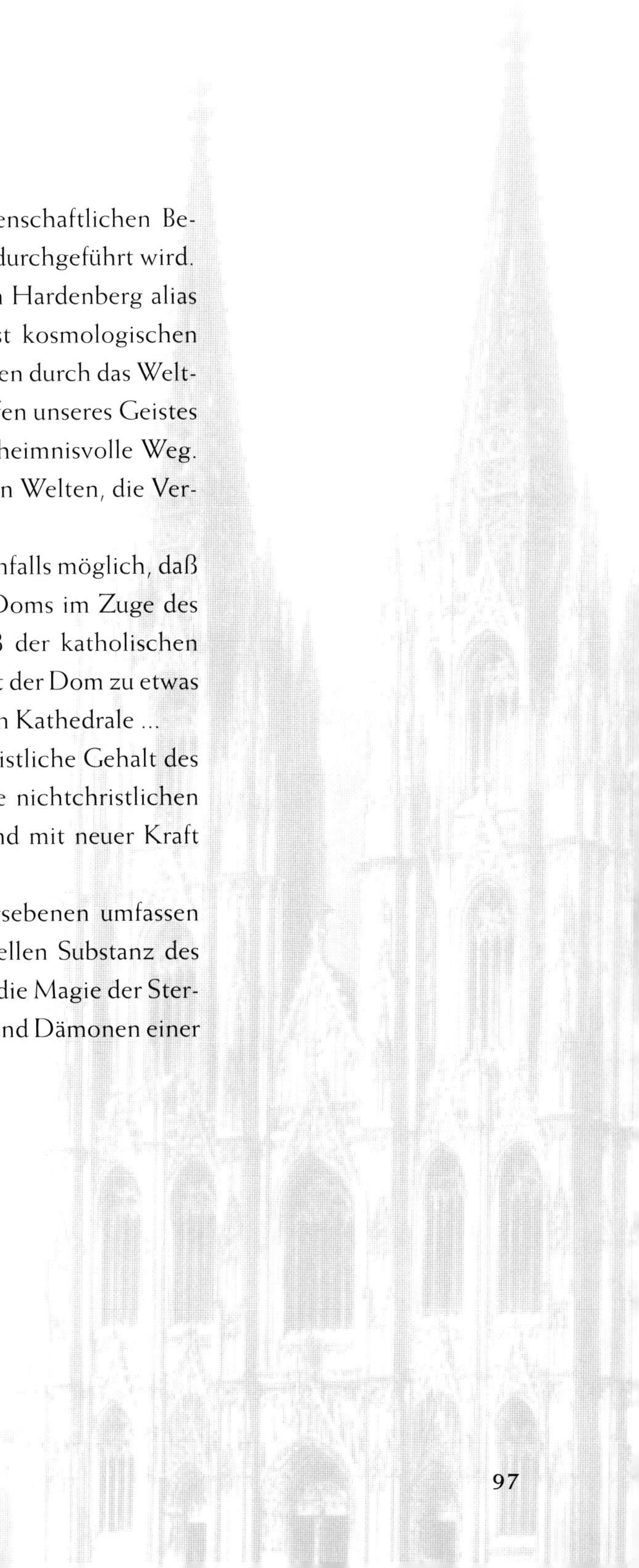

Der Dom als Hort heidnischer Geister

Am vierten Pfeiler des nördlichen Seitenschiffs prangt in etwa zwei Metern Höhe eine Marmortafel mit folgender Inschrift:

»Inclitus ante fui comes Emundus vocitatus
hic nece prostratus subtegor ut volui
Frisheim sancte meum fero tibi Petre comitatum
et mihi redde statum te precor aetherum
haec lapidum massa comitis complectitur ossa.«

Übersetzung nach Willy Weyres:

»Einst war ich der berühmte Graf Emundus.
Hier liege ich im Tod dahingestreckt, wie ich es gewollt habe.
Meine Grafschaft Friesheim gebe ich Dir, heiliger Petrus,
Gib mir dafür, so bitte ich, himmlischen Ort.
Diese Steinmasse umfaßt die Gebeine des Grafen.«[85]

Wer vor diesem Pfeiler steht, hat etwa zwei Meter unter seinen Füßen, unter dem Boden des Doms verborgen, einen leeren Steinsarkophag. Dieser Sarkophag ist zum Teil in die Pfeilerfundamente des gotischen Doms integriert worden. Folgendes hat sich anscheinend zugetragen: Das Grabmal des ›Grafen Emundus‹, wie er sich selbst in der Inschrift vorstellt, scheint Teil der vorgotischen Anlage gewesen zu sein. Das ist nichts Ungewöhnliches, die Domanlage war in karolingischer und ottonischer Zeit Ort vieler Gräber geworden. Reiche und Edelleute versuchten, sich in der Kirche und möglichst nahe bei den Heiligenreliquien beisetzen zu lassen (von denen es im Dom auch vor Ankunft der Heiligen Drei Könige eine ganze Menge gab), um so am jüngsten Tage ganz sicher unter den Auserwählten zu sein. Graf Emundus aber hat sich nicht nur in strategisch günstiger Position begraben lassen, sondern auch noch seine gesamten Güter und Ländereien dem heiligen Petrus vermacht, um als Gegenleistung den Platz im Himmel von Petrus erbitten zu können.

Als die Pfeilerfundamente für den gotischen Dom angelegt wurden, ist das Grabmal des Grafen Emundus offenbar im Weg gewesen.[86] Man hat den Sarkophag nicht von der Stelle bewegt, sondern ihn zum Teil mit in das neue Pfeilerfundament eingemauert – nicht ohne vorher die Gebeine des Grafen zu bergen. Doch anstatt sie umzubetten, an anderer Stelle im neuen Dom würdig unterzubringen, hat man die sterblichen Überreste des Grafen einfach im Pfeiler eingemauert. Anders kann die Inschrift »haec lapidum massa comitis complectitur ossa« kaum verstanden werden. Der Gelehrte Aegidius Gelenius überliefert in seinem 1645 erschienenen Buch über die ›wunderbare Größe Kölns‹, daß zum Jahrgedächtnis des Emundus (am 16. November) die Küster die Kerzen um den Pfeiler herumzustellen pflegten, wie früher um das Grab. Er fährt fort: »Das Volk glaubt, ebenso fest wie falsch, daß irgendein Architekt in der Säule bestattet sei. Ich dagegen meine, daß das Grab des Grafen dort gelegen hat, wo die Säule steht.«[87]

Das Einmauern von Lebenden oder Toten in Bauwerke, begleitet von Opferritualen, ist eine alte, heidnische Sitte. Der Brauch stammt aus dem Altertum und war ursprünglich dazu bestimmt, für das Bauwerk Standfestigkeit und die Gnade der Götter zu erbitten. Im gesamten Mittelalter, in vereinzelten Fällen sogar bis in die Neuzeit hinein sind drastische Fälle bekannt, in der diese heidnische Sitte durchbricht. Sie scheint tief im Volksglauben verwurzelt: Für den Übergang vom achten zum neunten Jahrhundert ist das ›große Wallopfer‹ der karolingischen Stadt Münster am Horsteberg bekannt, wo Pferde und Hunde als Opfer dargebracht wurden, um Segen und Heil der Götter für den Bestand des neu zu errichtenden Walles zu erwirken.[88]

1436 wurde beim Bruch des Nogatdammes an der Weichselmündung, als alle Arbeiten zur Rettung des Dammes vergeblich waren, ein Bettler in die Lücke geworfen und verschüttet.[89]

Und noch 1841 war das Volk in Halle beim Bau der Elisabethbrücke der festen Überzeugung, ein Kind müsse eingemauert werden, um dem Bauwerk einen anderen als den statischen Halt zu geben.[90] Theodor Storm hat diesen bis ins neunzehnte Jahrhundert weit verbreiteten Glauben in seiner Novelle ›Der Schimmelreiter‹ aufgegriffen und thematisiert, allerdings um das Unsinnige und Unsittliche dieser alten Bräuche hervorzuheben. Doch was im neunzehnten Jahrhundert zum ›Aberglauben‹ wird, hat seine Ursprünge in archaischen Zeremonien und tiefsten Glaubensschichten, die bis in die Zeit unserer germanischen Vorväter und noch weiter zurückreichen. Die Annahme, jeder Neubau erfordere ein Opfer, beruht auf dem Gedanken, daß dämonische Mächte (Erd- und Flußgötter) versöhnt werden müssen, in deren Herrschaftsbereich der Mensch durch seine Bautätigkeit eindringt und eingreift. Auch die oben beschriebene Zeremonie der Grundsteinlegung ist nichts anderes als eine Fortführung und Abwandlung dieser Opfer.

Während die germanischen Opfergaben zweifellos aus lebendigen Lebewesen, wohl auch lebenden Menschen bestanden, wurden die Opfergaben in der weiteren Entwicklung dieser

Glaubenstradition harmloser: Eier, Geld, Spielkarten, sogar Schatten können als ›Bauopfer‹ gelten.[91]

Für den Kölner Dom sind Juwelen und Edelsteine in den Fundamenten als Bauopfer belegt. Den Erbauern des Doms, denjenigen, die die Gebeine des Grafen in die Fundamente des Dompfeilers betteten, war der heidnische Brauch des Bauopfers also zweifellos bekannt. Mit dem Einmauern der sterblichen Überreste in den Pfeiler hatte man zwar eine für ein christliches Bauwerk äußerst merkwürdig anmutende Begräbnisstätte gewählt, aber gleichzeitig und mit Duldung der christlichen Bauherren einen Ersatz für ein ›echtes‹, also menschliches Bauopfer gefunden.

Der eingemauerte Graf Emundus ist bei weitem nicht die einzige Spur germanischen, also heidnischen Brauchtums, die sich im und am Dom findet.

So dienen zum Beispiel die Messingknäufe der Domportale in Löwenkopfform einem heidnischen Abwehrzauber: Wer die Löwenkopfknäufe nur berührte, stand unter dem Schutz der Kirche, auch wenn er sich nicht im Gebäude befand. Mit dem christlichen Lehrsatz, daß Gottes Macht überall ist und jederzeit durch ein Gebet beschworen werden kann, läßt sich diese Vorstellung wohl kaum vereinbaren.

Die ›apotropäischen‹ Monster müßten der christlichen Interpretation entsprechend an der Außenseite des Doms angebracht sein. Das unhandliche Fremdwort ›apotropäisch‹ verbirgt die eigentlich unchristliche Bedeutung dieser Monster- und Dämonendarstellungen: sie sollen Schaden abwenden, die bösen Geister schon außerhalb der Kirche abschrecken. Abgesehen davon, daß dieser Abwehrzauber nicht gerade von christlichem Geist durchdrungen ist (auf Holzpfähle aufgesteckte Pferdeschädel sollten schon bei den alten Germanen Unheil bannen, was sich heutzutage noch in Form von Pferdeköpfen an altdeutschen Giebeln wiederfindet), trifft die Theorie auf den Dom nicht zu: Darstellungen von Dämonen, Geistern und Fabelwesen finden sich überall im Dom, an den Bögen des Langschiffes, in der Sakristei ebenso wie im ›Allerheiligsten‹, dem Hochchor.

Daß diese ›Monstren‹ ganz und gar nicht im christlichen Sinne sind, wird auch daran deutlich, daß christliche Würdenträger und Wortführer gegen sie wettern. So der heilige Abt Bernhard von Clairvaux im Jahre 1124:

> *»Außerdem im Kreuzgang, bei den lesenden Brüdern, was machen dort jene lächerlichen Monstrositäten, die unglaublich entstellte Schönheit und formvollendete Häßlichkeit? Was sollen dort unreine Affen? Was wilde Löwen? Was monströse Zentauren? Was Halbmenschen? Was gefleckte Tiger? Was kämpfende Krieger? Was blasende Jäger? Da siehst du unter einem Kopf viele Körper und da auf einem Körper viele Köpfe. Man sieht hier an einem Vierfüßler den Schwanz einer Schlange, dort an einem Fisch den Kopf eines Vierfüßlers. Dort eine Bestie, die vorne ein Pferd ist und hinten eine halbe Ziege; dort ein Tier mit Hörnern vorn, hinten aber ein Pferd. Mit einem Wort, so viel, so wunderbare Mannigfaltigkeit verschiedenartiger Geschöpfe erscheint überall, daß man eher in den gemeißelten als in den geschriebenen Werken liest.«*[92]

Bernhard erkennt klar, daß es sich bei den monströsen Ausschmückungen der Kirchen und Kathedralen um nichtchristliche, heidnische Elemente handelt. Das muß ihn, als einen Mann der Kirche und des Glaubens, stören. Die Gläubigen allerdings scheint der sinnliche Bilderschmuck stärker und tiefer anzusprechen als das unsinnliche Wort. Tatsächlich scheint das Anbringen dieses monströsen ›Bildwerks‹ einem tiefen Bedürfnis zu entsprechen. Wie ernüchternd für eine Religion, die auf dem ›Wort Gottes‹ aufbaut!

Der Kirche konnten die heidnischen Sitten, die in ihren heiligen Mauern munter gepflegt wurden, nicht gleichgültig sein, wenngleich sie diese tief im Menschen verwurzelten Traditionen in hohem Maße duldete.

Dem zunehmend stärkeren Wunsch der Menschen des Hochmittelalters entsprechend, Elemente ihres unmittelbaren Erfahrungsschatzes in der Religion wiederzufinden, bietet der Dom den alten Geistern und Dämonen des Volksglaubens, der in der vorchristlich-germanisch-keltischen Mythologie gründet, wieder eine Heimstatt.

Fabelwesen in germanischer Tradition. Drachen bevölkern die Menschenwelt (Detail aus dem Chorgestühl, frühes 14. Jahrhundert).

Die verschiedenen Steinmetze, die an der Ausgestaltung des Doms beteiligt waren, brachten nicht nur ihre traditionell germanischen Zauberzeichen auf den Werksteinen des Doms an. Sie gaben ihm auch durch Bilderschmuck und Formensprache ihre eigenen Phantasien mit, ihre ureigenen Vorstellungen von einem heiligen Ort. Und die Ansichten und Vorstellungen der mittelalterlichen Steinmetze und Baumeister waren dem Volksglauben, dem Glauben ihrer Vorväter ebenso verhaftet wie der christlichen Religion. Die lebendige Vermischung dieser teils völlig gegensätzlichen Vorstellungswelten findet ihren Niederschlag im Dom und verleiht diesem einen ganz besonderen ›Zauber‹.

Grenzen heutiger Deutung: Warum hat der ›Denker‹ einen Pferdefuß? (Detail aus dem Chorgestühl).

In besonderer Weise gilt dies für das im frühen vierzehnten Jahrhundert entstandene Chorgestühl des Doms, das einen eigenen Kosmos innerhalb dieses faszinierenden Gebäudes bildet.

Selbst erfahrene Kunsthistoriker wie Horst Appuhn, langjähriger Leiter des Museums für Kunst und Kulturgeschichte in Dortmund, kapitulieren vor der Ausdeutung des Chorgestühls im Kölner Dom. Er stellt lapidar fest:

> *»Das umfangreichste Chorgestühl Deutschlands im Dom zu Köln, das es durch sein Alter (1308-11), die Qualität der Schnitzerei und die Vielfalt seiner Themen ohne Frage verdient, an die Spitze aller erhaltenen Chorgestühle gestellt zu werden, eignet sich schlecht für den Versuch, seinen Sinn zu erkennen.«*[93]

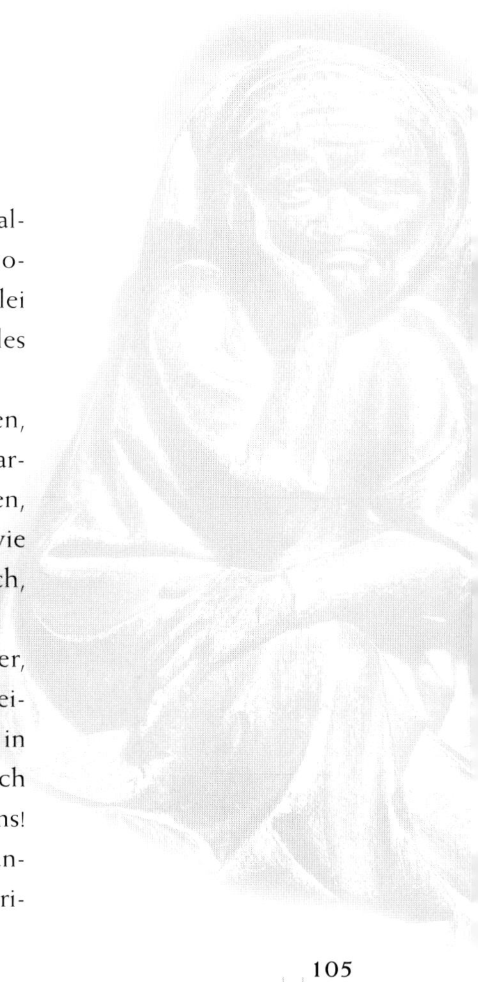

Anders als in Ulm oder in Amiens, wo die Chorgestühle (die allerdings auch jünger sind als die des Doms!) nach einem theologischen Programm geordnet sind, ist im Kölner Dom keinerlei christliche Ordnung erkennbar[94] – erstaunlich für ein zentrales Ausstattungselement in einer christlichen Kathedrale.

Alle Versuche, das heillose Durcheinander von Dämonen, Alltagsszenen, Heiligen, Göttern, Pflanzen, allegorischen Darstellungen und Karikaturen zu schematisieren, zu kategorisieren, sind bislang gescheitert. Alle Elemente, sowohl irdische wie überirdische, alltägliche wie phantastische, durchdringen sich, stehen nebeneinander, sind nicht voneinander zu trennen.

Jungfrau und Einhorn, ein Liebespaar, ein Badezauber, Löwenkämpfe, Drachen und andere Fabelwesen bilden eine eigene Welt. Das Auftreten solcher Wesen und Darstellungen in christlichen Kirchen ist nichts Ungewöhnliches. Ungewöhnlich ist allerdings ihre Häufung im innersten Bereich des Heiligtums!

Erstaunlich auch die bunte Schar von Musikanten und Tänzern im Schmuck des Chorgestühls, wurden doch die Angehöri-

Engel und Dämon zugleich – Detail an einem Pfeiler des Langschiffs.

gen dieser Berufsgruppen von der Kirche im Mittelalter als Inbegriff der Sünde und des Lasters hingestellt und verteufelt.[95]

Auch die Domforscherin Ulrike Bergmann stellt erstaunt fest, daß diese kunterbunten Darstellungen der prallen, mittelalterlichen Vorstellungswelt eigentlich »in die Randzonen gotischer Kathedralen oder auch Handschriften«[96] gehören. Im Dom aber sind sie im allerheiligsten Bereich zu finden!

Die Forschung sucht daher seit Jahrzehnten nach dem Symbolcharakter dieser Darstellungen, anstatt sie als das hinzunehmen, was sie sind: Darstellungen aus der tatsächlichen mittelalterlichen Erfahrungswelt, zu der Drachen, Fabelwesen, Zauber- und Beschwörungsszenen zweifellos gehörten. Die mittelalterliche Realität umfaßte weitaus mehr, als die heutige Logik zuläßt. Zauberformeln, Beschwörungen, Zauberwesen wie Hexen, Elfen und Zwerge sind für den mittelalterlichen Menschen Realität. Sie entspringen einer alten Tradition, und allein die Nachhaltigkeit der Überlieferung bis in heutige Tage durch Märchen und Legenden aus alter Zeit zeugt von deren Bedeutung für die Inhalte unserer Kultur.

Das gleiche enge Nebeneinander von heiligsten Inhalten der Bibel und mittelalterlichem Alltag findet sich auch in den christlichen Mysterienspielen, die sich seit dem dreizehnten Jahrhundert vermehrt auch um den Themenkreis der Heiligen Drei Könige drehen. Da wird zum Beispiel die Schilderung des

Tradition der heiligen Natur. Naturgetreue Laubkapitelle im Dom, aus dem Domwerk von Sulpiz Boiserée.

hochheiligen Vorgangs der Wiederauferstehung Christi ausgeschmückt durch einen ›Wettlauf der Jünger‹ zum Grab, weil sich jeder als erster ein Bild vom Wunder machen möchte. Heiliges und Unheiliges, Irdisches und Überirdisches, Göttliches und Dämonisches sind im Mittelalter und bis in die Frühe Neuzeit hinein nicht klar voneinander zu trennen, sondern untrennbar miteinander verwoben. Sie gehören dem gleichen mystischen Bereich an. Nur so läßt sich erklären, daß die Kirche einerseits Hexen mit dem Vorwurf der Zauberei verfolgt, obwohl es andererseits nach christlichem Verständnis gar keine Zauberei geben dürfte. In der Hexenverfolgung zeigt die Kirche tiefste Zerrissenheit: Sie versucht erneut diejenigen Elemente des Volksglaubens zu bannen, deren Integration in die christliche Vorstellungswelt sie vorher zugelassen hat.

Die Tradition insbesondere der germanischen Mythen, die enge Bindung des germanisch-keltischen Kulturkreises an die Natur und Tierwelt lebt in den Gestalten der Wasserspeier, der Tierlarven am Ansatz des Strebewerks, an den Wimpergen und Laubkapitellen fort.[97]

Laubmasken wie am Kapitell E 14 (entstanden um 1260) finden sich an mehreren Orten im Dom und sind eindeutige Darstellungen von Waldgeistern.

Ein Blatt dient ihnen als Hort, doch sie bewohnen den ganzen Wald. Laubmasken finden sich fast überall im Dom, wie hier am Chorgestühl (14. Jahrhundert) ...

Noch das ›Handwörterbuch des deutschen Aberglaubens‹ aus der ersten Hälfte unseres Jahrhunderts beschreibt die Waldgeister folgendermaßen: »Ihrem Äußeren nach tragen sie die Attribute des Waldes; sie sind klein und verhutzelt, stark behaart, ihr Gesicht ist faltig und rissig, ihr Haar wirr, ihr Gewand oft von Baummoos.«[98] Ohne Zweifel handelt es sich bei der Darstellung an Pfeiler E 14 sowie an verschiedenen anderen Stellen des Kölner Doms um solche Waldgeister.

Die steinernen oder hölzernen Darstellungen von Geistern sind zwar nach überliefertem germanischen Glauben nicht die Geister selbst, sie bieten aber den eigentlich unsichtbaren Geistern Hort und Wohnung. Das bedeutet, die Darstellung eines Waldgeistes an einem Pfeiler des Kölner Doms ist lediglich die äußere Hülle für einen tatsächlich vorhandenen Waldgeist. Die Götter und Geister aber, die in einem Gebäude oder Gegenstand eine ›Heimstatt‹, eine ›Wohnung‹ haben, können jederzeit aus diesem Hort hervortreten und sichtbar werden. So kann die Welt der Götter und Geister nach germanischer Überlieferung

und Vorstellung jederzeit jener der Menschen begegnen.[99] Das bedeutet, daß wenn von bestimmten Geistern und Dämonen im Dom Darstellungen vorhanden sind, auch die Geister und Dämonen selbst zweifellos vorhanden sind!

Weiterhin sind die Geister und Dämonen entsprechend der germanischen Mythologie und deren späterer Überlieferung im nord- und mitteleuropäischen Volksglauben nicht an einen bestimmten Baum gebunden, sie können ihren Aufenthaltsort beliebig wechseln, von Baum zu Baum springen. Das heißt, der Waldgeist, der in Kapitell E 14 seine Heimstatt hat, kann sich frei im Dom bewegen, kann in allen Säulenkapitellen auftauchen, denn die Säulen des Doms mit ihrem üppigen Laubschmuck sind sein ›Wald‹, der ganze Dom ist seine Wohnung.

Der Wald nahm in der germanischen Mythologie (soweit sie für uns zu rekonstruieren ist) eine ganz besondere Rolle ein. Der Wald ist der Hort der Geister und Dämonen, die in den Bäumen wohnen, der Ort der Götter; auch Feen und Wichte halten sich im Wald auf. Heilige Haine sind die ersten Kultgebäude, die eigentlichen Tempel der Germanen. Die bunte Schar von Wesen, die den Wald nach alter Überlieferung bevölkern, hat sich in unseren Volksmärchen erhalten – sie ist immer noch Teil unserer (Vorstellungs-)Welt.

... oder in einem Wimperg des Chorobergadens (13. Jahrhundert).

Bäume sind etwas Heiliges, und die ›Donarseiche‹, dem Gott Donar/Thor geweihte Bäume, lebt heute noch in der ›heiligen deutschen Eiche‹ und in der besonderen Wertschätzung des ›deutschen Waldes‹ fort.

Zur Gottwerdung des germanischen Gottes Wodan/Odin gehörte das neun Tage andauernde Hängen in einem Baum. Das ›Scheinhängen‹ germanischer Kinder an heiligen Bäumen war ein rituelles Nachvollziehen dieser ›Geburt‹ des höchsten germanischen Gottes und ein üblicher Initiationsritus für Knaben, das spirituelle Einweihung bewirken sollte.

Und Bäume waren ebenso wie Moore und Steine Werkzeuge des göttlichen Richterspruches, das tatsächliche ›Aufhängen‹ an einem Baum als Strafe war germanischer Brauch.[100] Opfer an die Götter wurden ebenfalls an Bäume gehängt – Menschen ebenso wie erbeutete Waffen und Rüstungen.[101] In der germanisch-keltischen Mythologie ist die ›Weltesche‹ Yggdrasil der Weltenbaum, die Stütze des Lebens auf der Erde, an deren Wurzeln sich die Quelle und Weisheit und des Schicksals befindet und die ihre Äste über das Universum ausbreitet.

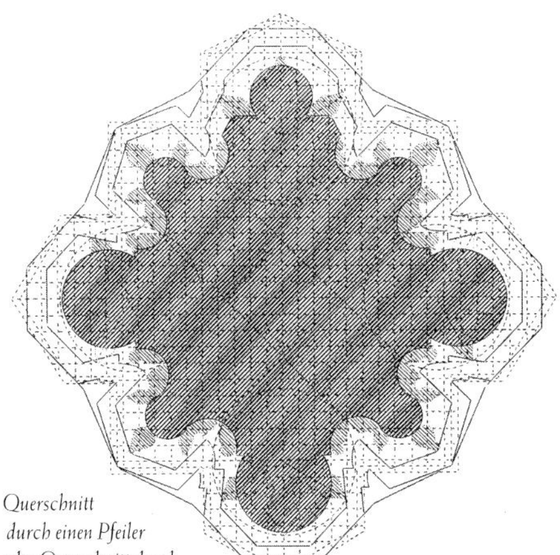

Querschnitt durch einen Pfeiler oder Querschnitt durch einen Baum? Die klaren Formen werden aufgelöst, pflanzliche Formen erwecken den Eindruck gewachsener Strukturen. Aus dem Domwerk von Sulpiz Boiserée.

Sind denn die Pfeiler und Gewölberippen des Doms nicht die Stämme, Äste und Zweige eines ›heiligen Waldes‹? Ist der Dom nicht viel eher dieser ›heilige Hain‹ als ein Sinnbild des himmlischen Jerusalem, wie es die christliche Interpretation eigentlich verlangt?

Sulpiz Boiserée, gemeinsam mit seinem Bruder Melchior einer der großen Streiter für die Vollendung des Doms im neunzehnten Jahrhundert, beschreibt die Domkapitelle als »mit einem zweifachen Kranz von Laubwerk umgeben, aus der lebendigen Natur, dem heimathlichen Felde und Walde genommen, und so schön gearbeitet, als wären frische grüne Zweige um die Säulen gewunden (. . .)«. Und er fährt fort:

»Man erkennt in vielen Fällen die Pflanzen, welche als Vorbild zu dem Laubwerk gedient haben. So unter anderem Eiche, Kastanie, Mariendistel, Weißdorn, Bärenklau, Weinrebe, Waldanemone, Hopfen und andere, davon manche mit Blättern und Früchten. (...) Genug aber, die Eigenthümlichkeit besteht darin, daß alles dem Geist und Wesen nach ganz der lebendigen Pflanzennatur nachgebildet ist.«[102]

Die Liste der Laubarten ließe sich noch erweitern um Efeu, Klee, Linden- und Buchenlaub u.v.m. Der Dom erweckt sowohl innen als auch außen trotz seiner eigentlichen Substanz einen derart vegetabilen Eindruck, daß man sich der Vorstellung eines (sicherlich sorgfältig stilisierten) Waldes oder zumindest eines wunderbaren steinernen Gewächses nicht erwehren kann.

Ein unbekannter Autor des neunzehnten Jahrhunderts mit den Initialien B.S. (es könnte sich um Sulpiz Boiserée selbst handeln) ruft den Lesern des Kölner Domblattes No. 49 im Jahre 1843 zu:

Dämonenfratze unter Weinlaub; Detail des Chorgestühls (14. Jahrhundert).

»Kennt ihr den Bau, der, einem Walde gleich,
An Stämmen, Laub und Wunderblüthen reich,
Aus deutscher Brust, auf deutscher Au ersproß,
Sein Blüthenmeer zur Hälfte kaum erschloß?
Kennt ihr ihn wohl? Mit Gottvertrauen
Laßt deutsche Kunst ihn zur Vollendung bauen.«[103]

Auf einer Waldlichtung. Der Dom als Heiliger Hain – Blick vom nördlichen Seitenschiff nach Osten in den Chorumgang. Darstellung aus dem 19. Jahrhundert.

Auch Charpentier, der große Erforscher der Kathedrale von Chartres, versteht die Gotik als eine Art Wald in Architekturform, und der deutsch-amerikanische Kunsthistoriker Paul Frankl stellt beinahe enttäuscht von der eigenen, offenbar der Logik widersprechenden Erkenntnis fest:

»Das blinde Maßwerk auf den an sich massiven Strebepfeilern verstärkt den Eindruck leichtflüssiger Aufwärtsbewegung. In gleicher Weise wird die Strenge des horizontalen Dachgesimses der Chorkapellen durch Figurentabernakel gemildert, die ihrerseits zusammen mit den oberen Teilen der Strebepfeiler einen reichen Kräftestrom erzeugen, so daß man an eine Vegetation denken mag, die von der Sonne emporgezogen wird. Dieser Eindruck ist für die Augen, die gotische Strukturen nicht zu durchschauen vermögen, sehr verwirrend, und es könnte das abgenutzte Bild vom Walde wieder in Erinnerung rufen.« [104]

Der stark pflanzliche Eindruck, das organische Wachsen seiner Gestalt himmelaufwärts ist nicht zu leugnen und findet seinen Niederschlag in kleinsten, liebevoll ausgearbeiteten pflanzlichen Details am gesamten Baukörper.

Der vegetabile Eindruck ist außen stärker als innen. Rosetten, Kreuz-›Blumen‹ und Blattschmuck prägen den äußeren Eindruck. Insbesondere die Kreuzblumen führen die Auflösung strenger, einfacher Formen, die der Strenge der ursprünglichen christlichen Lehre entsprechen, in verspielte, organische, pflanzliche Formen deutlich vor Augen – es sind wirklich eher ›Blumen‹ als ›Kreuze‹.

Mehr Blume als Kreuz – die christliche Symbolik ist zugunsten pflanzlicher Elemente in den Hintergrund getreten. Foto der vollendeten Kreuzblume eines Turmes, 19. Jahrhundert.

Ist es nicht höchst erstaunlich, daß ausgerechnet das Kreuz, dieses zentrale Symbol des christlichen Glaubens und Zeichen des lebendigen Gottes, immer mehr seine ursprüngliche, strenge Gestalt verliert und durch Ausbuchtung, Auffältelung, Verschnörkelung immer mehr von der Kreuzesform in eine organische Pflanzenform übergeht? Auch im Grundriß des Doms ist dieses Aufweichen der strengen Kreuzesform deutlich wahrzunehmen.

Im Inneren des Doms kehrt eine gewisse Strenge der Formen, eine Übersichtlichkeit zurück, die außen fast aufgelöst scheint. Doch auch dies entspricht dem lebendigen Vorbild des Waldes: ein Wald, insbesondere ein Laubwald, und um einen solchen in stilisierter Form handelt es sich beim Dom, sieht von außen auch ungeordnet, chaotisch, undurchdringlich aus; das Innere eines Waldes wirkt aber deutlich geordneter, mit seinen geradlinig aufragenden Stämmen, der überdachenden Blattstruktur.

Wie die Stämme eines Laubwaldes falten sich die Pfeiler des Doms nach oben hin auf und spannen ein Gewölbe über den Köpfen der Besucher. Die Auffältelung der Säulen in ›Dienste‹, vorgelagerte Elemente der Hauptsäule, die nach oben fortgeführt werden und als Stützen für die Gewölberippen dienen, erzeugt den Eindruck einer organischen Struktur, gleichzeitig des höchsten Maßes an Vollkommenheit und Harmonie. Die Pfeilervorlagen und Dienste sind die abzweigenden Äste, die Gewölberippen (die eigentlich aus rein statischen Gründen nicht sichtbar sein müßten, dies aber ganz bewußt sind, da sie wesentlich zum Eindruck beitragen) bilden die Äste und Zweige des Blätterdaches. In der Mitte des Doms, in der Vierung stehend, drängt sich zwangsläufig der Eindruck einer lichtüberfluteten Waldlichtung auf. Die Glasfenster brechen das Licht beinahe ebenso diffus und wechselhaft wie das Blätterdach eines Waldes.

Es ist bezeugt, daß die Germanen ihren Göttern auf weiten, heiligen Waldlichtungen huldigten.[105] Der römische Geschichtsschreiber Tacitus, dem wir wichtige Quellen zur germanischen Kultur und Wesensart verdanken, beschreibt den heiligen Hain der zwischen Elbe und Havel siedelnden Semnonen[106] als den Ursprung dieses Volkes. Hier herrsche der allgewaltige Gott, dem alles untertan und gehorsam sei.

Es kann kein Zweifel bestehen: Das Innere des Doms ist dem Eindruck eines zu Stein gewordenen, heiligen Haines viel ähnlicher als einem wie auch immer gearteten ›himmlischen Jerusalem‹.

Den Baumeistern und Handwerkern des Doms lag die urgermanische Vorstellung eines heiligen Waldes anscheinend näher als die der abstrakten himmlischen Stadt. Der Dom, die

Kirche als Wald, bringt das Waldheiligtum, den ›heiligen Hain‹ (in transzendierter, steingewordener Form) in die Stadt zurück. Im und am Dom wird Stein, Fels, genauer gesagt Sandstein, zu einer lebendigen, pflanzlichen Form. Der Dom wächst als steinerner Fels aus der heiligen Mutter Erde heraus und wandelt sich im Wachsen in eine quasi-lebendige, pflanzliche Struktur.

Die einzige Kraft aber, die den Wandel von Stein, bzw. Sand und Erde in pflanzliches Leben bewerkstelligen kann, ist die Sonne. Indem der Dom diesen heiligen Wandel von ›toter‹ Erde in pflanzliche, lebendige Vielfalt in seiner Gestalt nachvollzieht, huldigt er erneut der Sonne, wird zum Ort der Anbetung ihrer enormen Kraft und Mächtigkeit. Denn nur sie ist es, die dieses heilige Mysterium des Wandels der Elemente bewirkt. Nur sie kann Tod in Leben verwandeln – eine Fähigkeit, die allein den Göttern vorbehalten ist.

Diese Rückkehr der Naturreligion ist für die gesamte Gotik typisch, nicht nur für den Kölner Dom. Doch der Kölner Dom erreicht eine hohe Vollendung in der ›Germanisierung‹ seiner Bild- und Formensprache. Die eigene Natur, das kollektive Unbewußte, die keltisch-germanischen Traditionen Mittel- und Nordeuropas scheinen die christianisierten Europäer im Zeitalter der Gotik wieder einzuholen.

Aus der Rücksicht des neunzehnten Jahrhunderts wird der gotische Stil auch als ›der germanische‹ bezeichnet, und nicht umsonst steht eben diese Gotik im neunzehnten Jahrhundert wieder vielen als Sinnbild einer meist ›barbarisch‹ genannten Zeit vor Augen.[107]

Wie kommt es zu diesem erstaunlich massiven Wiederaufleben heidnischen Gedankengutes und heidnischer Symbolik im Hochmittelalter, innerhalb der wenigen Jahrzehnte, in der sich der gotische Stil bis zur Vollendung entwickelt?

Wir müssen uns vor Augen halten, daß noch im elften und zwölften Jahrhundert lange nicht der gesamte europäische Kontinent christianisiert war. Vor allem im Norden und Osten Europas hatten sich starke Bastionen des heidnisch-germanischen Glaubens gehalten.

Im frühen Mittelalter, unmittelbar vor dem ersten, sehr plötzlichen Erscheinen des ›gotischen Stils‹, kommt es zu einer starken Konfrontation des christianisierten Mitteleuropa mit diesen germanischen Bastionen: die Wikinger, immer noch dem Glauben ihrer Väter verhaftete Nachfahren nordgermanischer Stämme, unternehmen ihre Raubzüge entlang den Küsten des Kontinents und die Flußläufe hinauf, bis tief in das schon lange christianisierte Gebiet hinein. Zwischen dem siebten und dem zehnten Jahrhundert brandschatzen, rauben und plündern sie. Auch nach Köln führt sie ihr räuberischer Weg, und die ›Normannen‹, die Nordmänner, sind seitdem der Inbegriff des Schreckens.

Doch die Wikinger bringen nicht nur Gewalt und hemmungslose Triebhaftigkeit in das ›zivilisierte‹ Mitteleuropa des alten römischen Einflußgebietes zurück, sondern auch die Religion und Anschauungen der gemeinsamen germanischen Vorväter.

Um das Jahr 1000 ist der Spuk dann fast schlagartig vorbei, der Wikingerfürst Rollo erhält 911 die Normandie als Lehen, als Gegenleistung dafür, daß er die Angriffe auf das Frankenreich und seine reichen Städte einstellt und den Schutz der Küste übernimmt. Nach seiner Taufe 912 wird er Herzog und Vasall des fränkischen Königs. Die Wikinger werden endgültig christianisiert, und die Zeit der wildesten, gewalttätigsten Konfrontation zwischen altem und neuem Glauben ist vorbei. Gerade von der Normandie aus, und dann von der Ile-de-France und dem Tal der Seine, welche ebenfalls regelmäßig von Wikingerhorden heimgesucht und später auch besiedelt wurden, nimmt der gotische Baustil seinen Ausgang![108] Die ›Normannendome‹ der christianisierten Wikinger können in mancher Beziehung als Vorgänger der gotischen Kathedralen gelten.[109] Und es besteht kein Zweifel, daß der gotische Stil diesen nordischen Einflüssen einen Großteil des besonderen künstlerischen Ausdrucks und seiner eigentümlichen Formensprache verdankt. Der Gegensatz zwischen der romanischen, also der römisch-byzantinisch inspirierten Baukunst, und der gotischen, heidnisch-nordisch inspirierten, ist gerade in Köln deutlich sichtbar. Die gotische Baukunst ist in unmittelbarer Nachfolge der romanischen nicht ihre logische Fortführung, sondern ihr bewußter Gegensatz.[110]

Das neunzehnte Jahrhundert nimmt diesen Gegensatz wahr und versieht ihn mit dem für dieses Jahrhundert typischen Pathos:

> *»Sie [die Macht des Germanentums] führte die starken, unverdorbenen Söhne der Natur bis in das Herz einer hohen, aber innerlich angefaulten Civilisation, und als die germanischen Stämme über den Trümmern unendlicher Zerstörung endlich siegreich da standen, da machte sie die siegreichen Germanen zu Christen.«*[111]

Im Kölner Dom sind alle diese kulturellen Traditionen gleichermaßen enthalten, sie halten sich gegenseitig die Waage. Die heidnisch-germanischen Elemente, die Geister und Dämonen machen den Dom, wie wir gesehen haben, genauso aus wie die christliche Symbolik. Die Magie der Zahlen findet hier genauso eine Heimstatt wie die der Kräfte des Alls. Der Stil der Gotik hält all diese teils äußerst widersprüchlichen Elemente in einer spannenden Balance; die Gotik schafft die Zusammenführung des absolut Gegensätzlichen. Sie ruft daher den Eindruck eines immerwährenden Gespanntseins hervor – gerade das macht diesen Stil so faszinierend. So wie die Gewölbe ihre tonnenschweren Kräfte durch den Spitzbogen in einer zerbrechlichen Balance halten, genauso zerbrechlich ist die Balance, die die heidnischen und christlichen Elemente in der spirituellen Statik des Doms vereint.

Doch diese stetige Spannung, dieses Gleichgewicht läßt sich nur aufrechterhalten, solange die christlichen Inhalte bekannt und stark genug sind, die nichtchristlichen ›aufzuwiegen‹. Seit dem achtzehnten und insbesondere dem neunzehnten Jahrhundert aber werden die christlichen Glaubensinhalte immer weiter zurückgedrängt, die heidnischen Elemente des Doms treten mehr und mehr in den Vordergrund, der Dom wird zum vor-christlichen Wald- und Lichtheiligtum. Das Gleichgewicht fällt in sich zusammen, die Geister und Dämonen des Doms werden befreit!

Die neuen alten Geister

Der Dom bietet Raum für Christentum und Heidentum, für christliche Liturgie und naturwissenschaftliche Experimente, für Geister und Dämonen, Heilige und Märtyrer, Teufel und Engel. Er schlägt eine Brücke von der vorchristlichen Antike bis in die Neuzeit, vom tiefsten Inneren der Erde bis in die Höhen des Himmels.

Der Dom stellt nicht nur für viele Kunsthistoriker »die Summe aller zuvor gebauten gotischen Kathedralen dar«[112], er ist auch die Summe aller Vorgängerbauten am gleichen Ort, aller Heiligtümer auf dem heiligen Hügel Kölns.

Bei Restaurierungsarbeiten und archäologischen Grabungen finden sich immer wieder Reste und Trümmer der Vorgängerbauten und der umgebenden Kirchen. Beim Abbruch der Westwand des Chores wurden antike Mauerteile gefunden, im Schutt unter dem Marmorboden des Hochaltars Figurenschmuck aus dem Barock[113], römisches Straßenpflaster und Säulenteile in den Fundamenten[114]; Teile des alten, karolingischen Doms sind oder waren zeitweise als Ganzes in den gotischen Bau integriert. Der heutige Dom vereinigt somit all diese Zeitalter, all diese Stile, und auch im sichtbaren Bereich zeichnet sich der Dom heute eher durch einen großen Stil-Mix als durch Stilstrenge aus.

Die Epochen haben ihre Spuren hinterlassen, ohne die Wirkung der Einheitlichkeit und Vollkommenheit zu stören. Rokoko-Leuchter in der Nähe des Dreikönigenaltars, einst Teil des barocken Dreikönigsmausoleums.

Der Dom wächst gewissermaßen durch die Zeiten hindurch, er wächst an den Epochen und Stilperioden wie ein organisches Wesen. Der Barock hinterläßt ebenso seine Spuren wie die sechziger Jahre unseres Jahrhunderts. Der Dachreiter in seiner heutigen Form zum Beispiel stammt aus den Jahren zwischen 1958 und 1968. Und trotz dieses stilistischen Mischmaschs, der Spannungen, die zwischen den einzelnen Elementen bestehen, ergibt sich für den Betrachter des Doms jederzeit das Bild äußerster Vollkommenheit und Harmonie, das, wie wir gesehen haben, ein Trugbild ist!

Dies ist das Wunder des gotischen Planes, der Anfangsidee, die lange vor dem Bauwerk vollendet war und so klar und prägend ist, daß man sie noch heute auf den ersten Blick erkennt. Auch den Baumeistern aller Zeiten und Epochen hat sich diese Idee sofort vermittelt, ohne daß es einheitliche Pläne vom gesamten Bauwerk gegeben hätte. Man mußte sich einfach dieser vollkommenen Idee unterwerfen, und die Idee steht klar vor Augen, so unvollkommen ihre Verwirklichung auch ist.

Der Dom scheint von Anfang an für die Ewigkeit gebaut: Die Fundamente, in der gotischen Bauweise oft die Schwachstelle des gesamten Baus,[115] sind beim Kölner Dom besonders sorgfältig und standsicher ausgeführt. Sie reichen bis zu neunzehn Meter tief in den Boden und gründen das Bauwerk ebenso in der Muttergöttin Erde wie in der Römerzeit.

Vollkommenheit bedeutet nicht etwa die Abwesenheit von Kräften und Gewalten, sondern das zueinander in Beziehung bringen und das Ausgleichen von Spannungen. Während in der Romanik die Last des Gewölbes einfach nur getragen wird, wird in der Gotik die Last des Gewölbes in einen Spannungszustand zu den Strebepfeilern und Senkrechten gesetzt, das heißt, das Gewölbe trägt sich, indem es in einem ausgewogenen Spannungsverhältnis steht.

Die Gotik spielt förmlich mit ihren sich widersprechenden Kräften, sie spielt mit den Spannungen, schöpft ihre mystische Kraft aus ihr; und zwar nicht nur aus den Spannungen der aufeinander zu drängenden Steinmassen, sondern auch aus denen, die aus dem Nebeneinander von Geistern und Dämonen, Sonnen und Sternen, Gott und Götzen, Jesus und Mithras resultieren. Der Dom als Bauwerk vereinigt ihre Energien und hält sie in spannender und machtvoller Balance.

Nur Kunstwerke, die in sich gespannt sind, machen den Zuschauer selbst zum ›Spanner‹, üben eine Faszination aus, die die Anziehung anderer Kunstwerke übertrumpft; und genauso wie die Mona Lisa diese Spannung aus ihrem völlig ambivalenten, unentschiedenen Gesichtsausdruck schöpft, und der Betrachter je nach Stimmungslage eine lächelnde oder skeptische Mona Lisa sieht, so verhält es sich mit den Symbolen und Bildern des Doms. Es hängt einzig vom Betrachter, vom Besucher ab, welche

Seite des Doms sich ihm offenbart. Ist es ein christlich geprägter Betrachter, wird ihm die christliche Seite des Doms ins Auge springen. Ist es ein nicht-christlicher, wird er seine Aufmerksamkeit auf ganz andere Bestandteile richten.

Besonders gespalten war die Meinung zum Dom im neunzehnten Jahrhundert. Das Zurückdrängen des christlichen Glaubens, beginnend mit dem Humanismus, erreichte einen ersten Höhepunkt; es ist das Jahrhundert der Säkularisierung in Deutschland. Die Kirche wird gezwungen, nicht nur materiell, sondern auch spirituell Besitzstand aufzugeben. Die Menschen beginnen, an sich selbst und an die eigene wissenschaftliche Erkenntnis mehr zu glauben als an den fernen, abstrakten Gott. Darwins Theorie von der Entstehung der Arten ersetzt langsam aber sicher den Schöpfungsbericht der Bibel. Gleichzeitig, indem das Göttliche, das Mystische auf der Welt immer mehr schwindet, erwacht eine tiefe Sehnsucht nach genau diesen Gewalten und Energien.

Das Jahrhundert ist wie der Dom zum Zerreißen gespannt zwischen dem Glauben an die neuen Mächte der wissenschaftlichen Erkenntnis und der Sehnsucht nach innigster Mystik und Hingabe im Glauben. 1855 feiert man – am gleichen Tag! – die Vollendung der südlichen Querhausfassade und die Grundsteinlegung der ersten Eisenbahnbrücke über den Rhein deren Achse auf Wunsch des preußischen Königs auf den Dom ausgerichtet wurde. Das neunzehnte Jahrhundert ist auf der Suche, auf Entdeckungsreise, nicht nur technologisch und naturwissenschaftlich, auch spirituell und emotional. Das neunzehnte Jahrhundert ist auch das Jahrhundert der neuen ›Empfindsamkeit‹, in dem Männer wie Frauen bei schlechten Nachrichten in Ohnmacht zu fallen pflegen, die Gefühle wieder über die Vernunft, die nach dem Verständnis des achtzehnten Jahrhunderts allein selig machende, triumphieren.

Gotik als Symbol des ›germanischen‹ Mittelalters; Carl Gustav Carus, Blick durch ein Ruinenfenster auf den Kölner Dom, 1852.

Es ist die unbestimmte Sehnsucht nach Mystik, nach einem Neuanfang, nach dem Irrationalen, die im neunzehnten Jahrhundert eine verstärkte Auseinandersetzung mit dem Mittelalter und dessen Traditionen bewirkt. Man erhofft sich neue Impulse und alte Energien aus dem Mittelalter, für den deutschen Nationalstaat ebenso wie für die Glaubenswelt.

Die alten germanischen und nordischen Heldensagen werden wieder beachtet. Wagner schöpft aus diesem reichhaltigen Angebot faszinierenden Stoff für seine Opern. Der Sagen- und Märchenschatz des Volkes und der darin enthaltene ›Aberglaube‹ werden von den Gebrüdern Grimm und anderen für des Auf-

Caspar David Friedrich, Das Hünengrab im Schnee, 1807. Die Natur selbst wird wieder mystisch und erhält spirituellen Sinn.

zeichnens wert erachtet, so daß das durch mündliche Überlieferung lebendig gehaltene Gedankengut des Mittelalters und archaischer Zeiten verschriftlicht und somit bis in unsere heutige Zeit erhalten bleibt. Ohne den Impuls des neunzehnten Jahrhunderts, diese alten Sagen, Legenden und Märchen mit ihrem spirituellen Hintergrund niederzuschreiben, stünden wir heute mit gekappten kulturellen Wurzeln da!

Caspar David Friedrich und die romantischen Maler entdecken – und das ist ganz gewiß kein Zufall – gerade die Gotik als ein Grundmotiv für ihre Bilder. Die gotische Ruine des Klosters von Eldena erlangt dadurch weltweite Berühmtheit, wird beinahe zur Chiffre für romantische Malerei. Aber auch der Kölner Dom steht für die ›Romantisierung‹ der Gotik. Die Wiederentdeckung der Gotik aber geht unmittelbar einher mit der Wiederentdeckung der Natur, der Mystik der Natur, einer Verehrung, die den germanischen Vorvätern selbstverständlich war ... Caspar David Friedrich, der heute als einer der bedeutendsten deutschen Maler gilt, wird im neunzehnten Jahrhundert noch dafür gescholten und verachtet, daß er einen Berg, einen ›Hügel‹ oder auch den Wald als Sinnbilder der ewigen Natur und der göttlichen Mächte mystifiziert, zum Heiligtum erhebt. Heute ist es gerade diese ›besondere Stimmung‹, die die Gemälde Friedrichs ausmacht und die sich ganz eigentümlich auf die Betrachter überträgt. Gerade die mystische Atmosphäre ist es, die uns fasziniert und fesselt und eine Grundstimmung auch unserer Zeit zu treffen scheint.

Immerhin galt das Mittelalter im neunzehnten Jahrhundert nicht mehr wie in der Aufklärung als das ›finstere‹ Zeitalter. Das Mittelalter und die Gotik als Chiffre für diese Epoche wird zum Quell der Erneuerung für diejenigen Strömungen, die ihr Heil nicht länger in der immer weiter fortgetriebenen Aufklärung sehen, die der Diktatur der Vernunft und Logik die innere Befreiung durch spirituelles Empfinden und mystische Erweiterung des Bewußtseins entgegensetzen wollen.

Für solche Betrachter aber, die in der eindringlichen und noch heute erfühlbaren Mystik des Caspar David Friedrich entweder einen ›Rückfall ins Mittelalter‹ oder nur eine nichtssagende ›Naturidylle‹ sahen, blieb auch die Gotik ein verschlossener, unheimlicher Stil.

Viele Zeitgenossen und Würdenträger des neunzehnten Jahrhunderts schreckten vor einer tieferen Auseinandersetzung mit dieser Epoche zurück. Gotisch war lange Zeit gleich barbarisch, zerstörerisch, kulturfeindlich. Die Schrift des späten Mittelalters galt den Humanisten und deren Nachfolger in späteren Zeiten ebenso als gotisch und somit schrecklich wie der Baustil transalpiner Kathedralen.[116] Intuitiv scheinen die Menschen der späteren Zeit erfaßt zu haben, daß die Gotik Bestandteile einer alten, verflossenen, aber durchaus nicht vergessenen, sondern vielmehr verdrängten Tradition enthält. Die Gotik gibt Mächten eine Bleibe, die aus dem Alltag längst verstoßen worden waren, weil sie das moderne, technik- und logikgläubige Zeitalter nicht brauchte. Man ahnte, daß dort Energien verborgen und gefangen lagen, deren Kraft man nach ihrer Befreiung nicht mehr kontrollieren konnte – wie in dem Gedicht vom ›Zauberlehrling‹.

Doch genau diese Kräfte waren es, die die Mystiker des neunzehnten Jahrhunderts, die Romantiker, so sehr schätzten. Aus diesem Grund gibt es seit dem Ende des achtzehnten Jahrhunderts eine neue Auseinandersetzung mit den Wurzeln der eigenen Kultur, vor allem mit den Sagas nordischen Ursprungs, die den Glauben der germanischen Vorväter am reinsten, unberührtesten konserviert haben.[117]

Diese widerstreitenden Kräfte des neunzehnten Jahrhunderts, die Wiederentdeckung des Mittelalters und der Gotik und deren gleichzeitige Verteufelung, zerren auch am Dom. Bezeichnenderweise wird er beiden Kräften zum Symbol, den Fortschrittsgläubigen ebenso wie den Neo-Mystikern und Germanen-Freaks, und beide tragen ihren Teil bei zur Befreiung der Geister des Doms. Der Weiterbau des Doms wird durch den Fortschrittsglauben, die technologische Herausforderung durch diese riesige Ruine ebenso forciert wie durch die unverhohlene Bewunderung ›germanischer‹ Kunst, als deren mittelalterlicher Ausdruck die Gotik angesehen wird.

Die unterschiedlichen Strömungen des neunzehnten Jahrhunderts scheiden sich an der Dom-Frage: Ob der Weiterbau lediglich einer längst veralteten, dem Verfall anheimgegebenen Ruine des Aberglaubens zu zombiehaftem Wiedergängertum verhilft, oder ob sein Weiterbau das Symbol der nationalen Erneuerung im Geiste alter deutscher Tradition ebenso wie des Fortschritts, der neuen Zeit werden sollte?

Eher der Stimmung des achtzehnten Jahrhunderts zugewandte Geister wie die Berliner Gastgeberin eines literarischen Salons (heute würde man sie wohl ›Intellektuelle‹ nennen), Rahel Varnhagen, spüren deutliches Unbehagen gegenüber diesem »leider versteinerten Koloß der altfränkischen Tollheiten und Unbequemlichkeiten, den sie jetzt so berühmt machen wollen! Wo einem unsinnig drin zu Mute wird«.[118]

Auch Heinrich Heine (in ›Deutschland – ein Wintermärchen‹) erscheint der Dom als eher finsteres Sinnbild:

»Doch siehe! dort im Mondenschein
Den kolossalen Gesellen!
Er ragt verteufelt schwarz empor,
Das ist der Dom von Köllen.«[119]

Selbst christlichen Würdenträgern scheint der mittelalterliche Dom nicht ganz geheuer zu sein. So ruft der spätere Erzbischof von Geissel anläßlich der Grundsteinlegung des Weiterbaus am 4. September 1842 aus:

»Gleich himmelansteigenden Palmen führte die Zeit der deutschen Kirchen-Bauweise die Säulen stark und schlank empor, legte darüber die weiten Kreuzgewölbe und Kuppeln, der Decke des Himmels vergleichbar, goß das Licht, wie aus höheren Räumen, verklärend in die Schiffe und Hallen, pflanzte die strahlende Rose, wie eine Sonne der Ewigkeit, in die Chöre und trug die Firsten und Thürme hoch in die Luft, als wollte sie an ihnen emporsteigen, um mit ihren Hoffnungen und Wünschen, ihren Freuden und Leiden, ihren Gefühlen und Gebeten dem Himmel näher zu sein.«[120]

In dieser christlich inspirierten Rede ist von christlicher Symbolik und Metaphorik keine Spur. Viel eher trifft man in dieser Rede die Mystik des germanischen Natur- und Sonnenheiligtums wieder als die religiöse Inbrunst des Wallfahrtsortes der Heiligen Drei Könige. Das Zurücktreten des Christentumes überläßt den alten Geistern und Mächten wieder das Feld, auch im Dom.

Auf der Grundlage des eher empfundenen als erlebten neuen Mittelalters und Germanentums des neunzehnten Jahrhunderts schwingt sich auch der Dom zu völlig neuen Bedeutungsebenen auf. Er steht nun für einen reinen und ursprünglichen deutschen Geist:

> *»Tretet ein in die Hallen unseres herrlichen Tempels, aus dem blendenden Licht und der Zerstreuung in das Halbdunkel und die feierlich erhabene Stille der Heiligthümer, und schauet dort jenen Wald von riesigen Säulen, aus schlanken, sich selbst an einander schmiegenden Säulenbüscheln bestehend, wie sie in gerade Linie, gleich den Palmen unter dem tropischen Himmel, aufsteigen, den Blick weg von der Erde bis zur schwindelnden Höhe aufziehen, hinweisend nach jenem Sitze, von wo das himmlische Licht des Glaubens ausgegangen ist. (...)*
> *So laßt uns denn von einem solchen Gemeingeiste entflammt, jetzt wieder zusammentreten und in herzlichster Eintracht und mit gesamter Kraft an unserem teutschen Dome fortbauen mit einer Entschiedenheit des Willens, der nur in der Vollendung des heiligsten und schönsten Nationaldenkmals, welches die teutsche Erde trägt, sein Ziel findet, mit der rühmlichsten Beharrlichkeit, die durch keine Schwierigkeit sich ermüden, durch kein Mißlingen in einzelnen Theilen sich abschrecken läßt. Nur Muth, Vertrauen und Beharrlichkeit, und das große Werk wird, es muß gelingen, denn also will es die teutsche Nation.«*[121]

Hier wird bereits wieder von ›Tempel‹ anstatt von ›Kirche oder ›Kathedrale‹ gesprochen. Der ›Tempel‹, der über viele Jahrhunderte so schmerzlich verstümmelt liegengeblieben war, wird nun zum Symbol der Erneuerung und Vollendung, zur Demonstration der Stärke des Deutschtums und zum Sinnbild eines neuen Geistes – und einer neuen Religion.

Der Dom ist nicht länger (wenn er es denn jemals war) Sinnbild des Himmlischen Jerusalem. Der Dichter und Dombauenthusiast Joseph Görres nennt den Dom »das Symbol des neuen Reiches«[122], womit er, wohlgemerkt, das deutsche Kaiserreich, den vereinigten deutschen Nationalstaat meint und nicht das Himmelreich.

Der Geist des deutschen Nationalbewußtseins hat sich den Dom zu seiner Heimstatt erkoren. Dieser ›deutsche Geist‹ beinhaltet nicht nur die bekannten politischen Aspekte, sondern durchaus auch eine Wiederbelebung germanischer Religiösität und vorchristlichen Kultes mit starken mystischen Aspekten. Der Dichter und Patriot Georg Foster beschreibt die Räume des Kölner Doms als »Feenpaläste«, und auch für den Preußenkönig Friedrich Wilhelm IV., den ›Romantiker auf dem Thron‹, der sich für den Weiterbau des Doms einsetzte, sich jeden einzelnen Plan von Dombaumeister Zwirner vorlegen ließ, ist der Dom sein »Sommernachtstraum« – wie das Shakespeare-Drama Inbegriff der Wichte und Feen, der Geister und Dämonen, der magischen Mächte.[123]

August Reichensperger, einer der Wortführer der Dombaubewegung des neunzehnten Jahrhunderts, bekennt sich in seinem Aufsatz ›Die christlich germanische Baukunst und ihr Verhältnis zur Gegenwart‹ zu dem Ziel, die mittelalterliche Kunst und Bildersprache, und damit zwangsläufig auch deren Denkweise und Glaubensinhalte, mit dem Fortbau des Doms in die Gegenwart zu retten.[124]

Dieser neugermanische Geist wird zur Triebfeder des Dombaus und ist so stark, daß er die Vollendung des ›Tempels‹ erzwingt. Was die spirituelle Macht der Heiligen Drei Könige nicht bewirken konnte, bewirken nun die wiedererweckten germanischen Geister und Götter. Der Dom wandelt seine Gestalt wieder zum vorchristlichen Sonnen- und Kosmos-Heiligtum, zu einer Art ›heiligen Hain der Semnonen‹, in dem sich die gesamte germanische Nation versammelt. Wie der Thingplatz wird der Dom zum steinernen spirituellen Versammlungsort der Nation.

Der Dom als religiöse Verheißung – der Sonnentempel wird wiederentdeckt. Signet des Kölner Domblatts aus der 2. Hälfte des 19. Jahrhunderts.

Dabei greift das neunzehnte Jahrhundert unbewußt die alte Symbolik auf. Der Dom selbst wird zum germanischen Sonnentempel. Das Bauwerk tritt damit sogar an die Stelle von Jesus Christus, wird selbst zur göttlichen Verheißung.

Intuitiv versteht das neunzehnte Jahrhundert die Symbolik des ›heidnischen Doms‹ und setzt sie von neuem in ihr Recht. Germanische Fabelwesen werden nachempfunden und die Kosmologie der ›Sterndeuter‹ wieder in ihren heiligen Rang erhoben.

Von katholischer Seite, so zum Beispiel formuliert durch die Dichterin Annette von Droste Hülshoff, wurden natürlich Stimmen laut, die – in völliger Verkennung der Tatsachen – vor einer »Profanierung« des Doms warnten.[125] Doch der Dom wird nicht von Gott befreit, er wird selbst in göttlichen Rang gehoben!

Vielleicht bedurfte es aber gerade des verminderten christlichen Gottesglaubens, damit der Mensch eine solche quasi-göttliche Aufgabe, den Dom fertigzubauen, überhaupt auf sich nehmen konnte? Der ›Turmbau zu Babel‹ wie der Dombau noch im neunzehnten Jahrhundert häufig genannt wurde[126], konnte erst gelingen, nachdem der Mensch keine Angst mehr vor der Strafe des

Christengottes hatte. Bezeichnenderweise wuchsen ausgerechnet die Türme zum nationalen Symbol heran, die Türme, die für die christliche Liturgie nicht die geringste Funktion hatten und bei vielen gotischen Kathedralen deshalb unvollendet blieben. Der Dom, die Idee seiner Vollendung, ist auch ohne den christlichen Glauben so stark, so bedeutsam aus sich selbst heraus, daß sogar im fernen Mexiko ein Verein gegründet wird, der die Fertigstellung des Doms unterstützt.

Der Kirche ist ihr Bauwerk längst entglitten – bei der Schlußsteinversetzung am 15. Oktober 1880 im Beisein von Kaiser Wilhelm I. war kein katholischer Geistlicher anwesend – allerdings fast alle Fürsten und führenden Persönlichkeiten Deutschlands.[127]

Die nach mehr als sechshundert Jahren fertiggestellte mittelalterliche Kathedrale ist so groß geworden, daß selbst die Geister des neunzehnten Jahrhunderts, die Geister des neuen Nationalismus in ihr Platz haben. Der Dom wächst damit endgültig über seine äußere Gestalt hinaus, er wird im neunzehnten Jahrhundert zum umfassenden Sinnbild, zum gott-ähnlichen Gebilde.

Es mußte daher völlig einleuchtend erscheinen, daß der Dom während des Zweiten Weltkrieges unzerstört blieb. Unversehrt, seine Größe und göttliche Allmacht durch 262 Bombenangriffe hindurch behauptend, erhob er sich aus der Trümmerwüste. Jeder Kölner, der den Dom nach dem Krieg nicht mit eigenen Augen gesehen hat, wird dies bestätigen – denn so besagt es die Legende. Eine Legende, die zum Dom paßt. Eine Legende, die der Dom selbst durch seinen Eindruck ewiger Vollkommenheit in die Welt gesetzt hat. Selbst der englische Kunstschutzoffizier Michael Ross, der von alliierter Seite für die Kunstschätze des Rheinlands und damit auch für den Dom zuständig war, hatte

Alles andere als unzerstört: das nördliche Querhaus nach dem Zweiten Weltkrieg. Das Sonnenlicht fällt durch die zerstörten Gewölbe.

von dieser Legende gehört und glaubte an sie, so lange, bis er selbst vor dem völlig verwüsteten Bauwerks stand.[128]

Das nördliche Querhaus des Doms war nach dem Krieg schwer verwüstet. Die Fensterrose zwischen den beiden Türmen fast völlig zerstört. Am 28. Januar 1945 stürzte nach einem verhängnisvollen Jahr beinahe das gesamte Gewölbe des Langhausmittelschiffs ein. Nach Beendigung des Krieges waren von den zweiundzwanzig großen Gewölbejochen neun vollständig zerstört und sechs stark beschädigt.[129] Allein im Langschiff wurden vierzehn Bomben- und neunzehn Granateinschläge gezählt.[130] Über hundertvierzig Kreuzblumen fehlten, und auch von den Glasfenstern waren einige, zum Glück nicht die alten, wertvolleren, zerstört.[131] An manchen Teilen des Chorgestühls sind noch heute Brandspuren zu erkennen.[132]

Der Dom war niemals von den Bombardierungen ausgenommen gewesen, wie immer noch fälschlicherweise behauptet wird. Die Spuren des schweren Treffers an der Nordwestflanke des Nordturmes, der beinahe das Bauwerk zum Einsturz gebracht hätte, geben immer noch eindrucksvoll Zeugnis gegen diese Behauptung. (Das provisorisch angebrachte Backsteinmauerwerk, das den Dom vor dem Einsturz bewahrt hatte, soll nun leider nach und nach entfernt werden.)

Doch selbst der fast zerstörte Dom hatte nichts von seiner Faszination eingebüßt. Nach den Tagen der Eroberung durch die amerikanische Armee strömten Tausende von Soldaten und Einheimischer aus Köln und dem Umland zum Hügel über dem Rhein, um sich die Domruine anzusehen. Sie standen vor den Trümmern des Gebäudes und kehrten ihm sogleich den Rücken – um im nächsten Atemzug die Legende des unzerstörten, unzerstörbaren Doms in die Welt zu setzen. So wie Christus durch seine Auferstehung von den Toten zum Gott wurde, so wurde der Dom noch ein Stück heiliger, noch ein Stück vollkommener, durch seine Auferstehung aus dem Zweiten Weltkrieg.

Die Verwundungen konnten den Dom – genau wie Jesus, den Gekreuzigten – nur an seinem Körper verletzen, nicht aber an seiner spirituellen Substanz, seiner Idee. Die Idee des Kölner Doms ist so vollkommen, so göttlich, daß sie durch äußere Einflüsse nicht zu zerstören ist, sondern fortlebt, durch alle Zeiten.

Die bauliche Vollendung ließ auch deshalb so lange auf sich warten, weil schon die Teile des Gesamtplanes, schon der als erstes vollendete Ostchor, die Fundamente, die Pfeiler, jedes einzelne Detail die Größe, den tieferen Sinn, der hinter dem

Ganzen steht, erahnen ließ. Gerade weil die Idee des Doms von Anfang an so klar vor aller Augen stand, schreckte man vor der Fertigstellung zurück.

In der Kirchenverwaltungssprache wird der Dom auch heute noch ›fabrica ecclesiae‹, also Kirchenbaustelle genannt. Das heißt, er gilt verwaltungstechnisch immer noch als unvollendet, obwohl im Jahre 1880 seine Vollendung und 1980 deren hundertste Wiederkehr gefeiert wurde. In den Köpfen der Menschen aber ist der Dom schon lange vollendet, niemand stellt sich ihn mit den Dutzenden Gerüsten vor, die ihn in der Wirklichkeit immer umranken. Und gerade weil er sich wandelt, ist er so vollkommen, gerade weil er äußerlich nie fertig wird, immer Baustelle bleibt, paßt er in jede Zeit, lebt durch die Zeiten, als Symbol für göttliche Vollkommenheit, als Symbol seiner eigenen Idee.

Die Geister werden befreit.

Die Geister und Dämonen sind unter uns, sie waren es immer. Christentum und Heidentum sind nicht durch eine unüberbrückbare Kluft getrennt, wie die Kirche immer behauptet. Es gibt eine spirituelle Kontinuität im religiösen Leben der Menschheit, von der Jesus Christus ebenso ein Teil ist wie Mithras, wie Wodan/Odin, wie die Sonne, wie die guten Geister der Natur und die bösen Dämonen der Finsternis.

Der Versuch des Christentums, radikal mit dem Heidentum zu brechen, war von vornherein zum Scheitern verurteilt und ist gescheitert, nicht ohne vorher viel Leid über die Menschheit gebracht zu haben.

Das Christentum selbst ist mittlerweile in arge Bedrängnis geraten. Seit dem achtzehnten und neunzehnten Jahrhundert ist es davon bedroht, als unzeitgemäße, veraltete Religion eben denselben Verdrängungs- und Ablösungsprozeß zu erfahren, wie fünf-, sechshundert Jahre zuvor die alten Götter der Germanen und noch früher die Mithrasreligion.

Die Tatsache, daß die germanischen wie alle archaischen Götter und Himmelswesen so menschlich waren, daß sie gern ein Gelage feierten, soffen und sich liebten, haßten und sich befehdeten, machte sie so duldsam gegenüber den neuen Religionen. Sie hatten keinen Allmachtsanspruch auf die Ewigkeit, im Gegenteil: in ihrem Wesen war ihre mögliche, drohende Niederlage schon enthalten – wer liebt und haßt, ist verletztlich, wer gern zecht, ist besiegbar. Germanische Göttersagen handeln demzufolge auch von der Götterdämmerung, dem Niedergang der Götterwelt. Den Gläubigen war also der Gedanke durchaus vertraut, daß ihre Götter irgendwann scheitern könnten. Mit dieser Art Göttern und Gläubigen hatte das Christentum zunächst leichtes Spiel.

Auf der anderen Seite war diese germanische Glaubenswelt aber so eng mit der wahren Natur, dem innigsten Empfinden der Menschen verbunden, daß sie weiterhin im ›kollektiven Unbewußten‹ der Menschen fortbestand, sich unterschwellig fortentwickelte, sich sozusagen verpuppte und auf ihre wesentlichen Inhalte reduzierte, um in einer günstigeren Zeit und in neuer, modernisierter Form wieder aufzuerstehen.

Der Volksglaube, gemeinhin in Unterschätzung seines Wesens ›Aberglaube‹ genannt, sowie die Sagen und Legenden konservierten die alten, germanisch-nordischen Glaubensinhalte.

Der Gott der Christen war zu weit vom Leben auf der Erde entfernt, als daß er die Verbindung zu den tief verwurzelten archaischen Anschauungen der Menschen auf Dauer hätte ersetzen können. Die ewige Religion des Menschen, die Glaubensinhalte der Vorväter, die seit der frühen Menschheitsgeschichte in der Vorstellungswelt der Menschen fortleben, konnten auch durch das Christentum nicht beseitigt werden.

Der alte, germanische Mythos, der ganz ursprünglich auf den archaischen Naturreligionen fußt, lebt in uns fort und kann leicht und jederzeit wiedererweckt werden.

Wie leicht, konnten die Zeitgenossen unseres Jahrhunderts durch die verquere Second-Hand-Nazi-Germanologie erleben.

Einige wenige, klug ausgewählte Bestandteile der archaischen Mystik genügten, um den christlich-abendländischen Verstand auszuschalten und aus dem aufgeklärten Volk der Dichter und Denker ein Volk blinder, germanischer ›Barbaren‹ zu machen.

Der Begriff der ›Gefolgschaft‹, die unbedingte Hingabe an den Führer der Sippe, war einst wichtigstes Fundament des germanischen Gesellschaftssystems. Ganz bestimmt kein Zufall, daß ausgerechnet die Nachfahren der ›Germanen‹ und die Träger ihrer Traditionen diesem Prinzip, nun ›Führerprinzip‹ genannt, erneut verfielen. Das Führerprinzip der Nazis mit seinen Mysterien und Ritualen, seinem unbedingten Gehorsam, deckt sich erstaunlich mit dem germanischen Verständnis von Gefolgschaft gegenüber dem ›Führer‹, dem Oberhaupt der Sippe. Der germanische Krieger empfand es als unehrenhaft, aus dem Felde zurückzukehren, wenn der Anführer gefallen war. Der germanische Kämpfer folgte dem Führer bis in den Tod. Nicht anders kann man das sinnlose Durchhalten des deutschen Volkes im Zweiten Weltkrieg verstehen, in der (fast) eine ganze Nation sich lieber leidvoll in Grund und Boden bomben ließ, als sich kurzerhand eines Wahnsinnigen zu entledigen.

Die Nazis verstanden es, durch recht willkürliche Anleihen in der germanisch-nordischen Tradition die archaischen Vorstellungen und Verhaltensmuster zu wecken. Sie veranstalteten sogenannte ›Thingspiele‹ (germanisierte Formen des Theaters), sie ließen das Feiern von Lichterfesten wieder aufleben und sie wählten sich ein altes Sonnensymbol zu ihrem Zeichen. Ebenso mißbrauchten sie die Runen für ihre mystische Symbolik – als Zauberzeichen, als Insignien der Macht und der spirituellen Herrschaft.

Indem sich die Nazis diese archaischen Energien und Mächte nutzbar machten und sie sich für ihre Zwecke aneigneten, diskredierten sie sie auf Jahrzehnte hinaus. Auch dies ist ein Grund, warum die wiedererwachte Welle der Mystik im ›New Age‹ in Deutschland weitgehend auf Ablehnung stößt.

Das Christentum hatte, wie wir gesehen haben, Techniken entwickelt, die im mitteleuropäischen Menschen urtümlich vorhandenen Anschauungen, die weitgehend naturreligiös und naturmystisch geprägt sind, mit seinen eigenen, größtenteils aus anderen Kulturkreisen übernommenen Anschauungen zu verbinden und aus dieser Verbindung eigene Energien zu zehren. Aus dieser Integration alter heidnischer Energiequellen in neue, christliche Zusammenhänge speist sich auch ein Großteil der spirituellen Wirkung des Doms.

Das Spannungsverhältnis, das die Dämonen und Geister des Doms in seinem christlichen Hort gefangenhielt und neutralisierte, ist seit dem achtzehnten und insbesondere neunzehnten Jahrhundert nachhaltig gestört. Der christliche Einfluß auf den Dom und auf die Menschen Europas schwindet, und die archaischen Dämonen greifen erneut Raum.

Ende des neunzehnten Jahrhunderts war dieser Prozeß bereits so weit fortgeschritten, daß der Dom selbst zu einem Sonnensymbol geworden war! Doch der niederträchtige Mißbrauch archaischer Mystik durch die Nazis verschaffte dem Christentum, dem traditionellen Bekämpfer heidnischer Mächte, im zwanzigsten Jahrhundert noch einmal für eine kurze Zeitspanne Oberwasser.

Der heutige Rückzug der christlichen Glaubensinhalte in Deutschland und in der westlichen Welt ist offensichtlich, und mit dem Rückzug des Christentums geht die ›Wiederauferstehung‹ der alten Geister einher. Sogenannte ›heidnische‹, also vorchristliche oder, man möchte fast sagen, überchristliche Bräuche werden wieder gepflegt:

Weihnachten, das Fest der drei heiligen Männer, das Fest des Doms, kehrt in unserer Zeit immer mehr – wenn auch unbewußt – zum Brauchtum des archaischen Fruchtbarkeits- und Lichterfestes zurück. Der Weihnachtsschmuck unserer Städte ist durch Lichter und Tannengrün, Farbigkeit und Lebensfreude geprägt, das Kreuzzeichen, das Zeichen der Demut und des gottgefälligen Verzichts sucht man vergebens. Das zentrale Symbol des heutigen Weihnachtsfestes ist der geschmückte, hellerleuchtete Baum, das altnordische Fruchtbarkeitssymbol. Er wird nach altem Brauch in die Wohnungen der Menschen gebracht, um dem Leben und dem Licht in dieser Zeit der Dunkelheit zu huldigen. Das beliebteste Weihnachtslied unserer Tage, ›Oh Tannenbaum‹, erwähnt den Namen desjenigen, zu dessen Ehren das christliche Weihnachtsfest eigentlich gefeiert wird, nicht einmal. Der Baum wird nach altem Brauch mit Äpfeln behangen – der Apfel ist ein altes, germanisches Fruchtbarkeitssymbol. In Märchen und Sagen macht sein Genuß schwanger, während er in der Bibel (vielleicht gerade deshalb) ein Symbol der Sünde ist.[133]

Die Kerzen und Lichter, die heutzutage das Weihnachtsfest beherrschen, begrüßen das Licht der neuen Sonne, deren Wiedergeburt an Weihnachten gefeiert wird. Und auch das unmäßige Essen und Trinken, auch alkoholischer Getränke, steht in eindeutiger kultischer Tradition germanischer Bräuche: Der stark berauschende Met der Germanen wurde traditionellerweise an ›heidnischen‹ Festtagen zur Erweiterung des Bewußtseins und zum Segen der Zechgesellschaft eingesetzt.

Doch nicht nur zur Weihnachtszeit können wir eine Wiedergeburt vorchristlicher Gebräuche in unserer Zeit wahrnehmen. Heidnische Symbole und Handlungen erleben ihre Renaissance: Mittsommernachtsfeuer (im Christentum als ›Johannisfeuer‹ in das Glaubensgefüge integriert) erfreuen sich mit jedem Jahr zunehmender Beliebtheit. Ihr Ritus wird heute wieder vorchristlichen Sonnenwendfeiern entlehnt, der sich vor allem in Skandinavien erhalten hatte, dem Rückzugsort heidnischen Glaubens nach der Christianisierung Mitteleuropas.

Auch die traditionelle Feier zur Walpurgisnacht auf dem Brocken im Harz lebt wieder auf. Da die Kuppe des Berges zu DDR-Zeiten zum Grenzgebiet gehörte und militärische Sperrzone war, war das Feiern am traditionsreichen Ort lange Zeit nicht möglich. Doch die Geister harrten geduldig aus und warteten auf bessere Zeiten. In der Nacht zum 1. Mai des Jahres 1990 kehrten sie und ihre Glaubensgemeinde wieder, tanzten um die Lagerfeuer und sangen Hexenlieder.

Die alten Sagen und Legenden, die alten Geschichten des ›kollektiven Unbewußten‹ leben immer wieder auf – und in verstärktem Maße in der Gegenwart.

In unserer Zeit, die durch einen zunehmenden Bilderkult gekennzeichnet ist, kehren die alten Geister und Dämonen vor allem in den modernen Formen von Mythen, den Spielfilmen und Fernseherzählungen amerikanischer Prägung zu uns zurück: Werwölfe erleben dort genauso ihre Wiedergeburt wie Wiedergänger (›Zombies‹ genannt), verzauberte oder verhexte Tiere (›Die Vögel‹), Vampire und die Fürsten der alten Zeit selbst (›Highlander‹). Und trägt nicht auch das Starsystem deutliche Züge der altgermanischen ›Gefolgschaft‹?

›Der Herr der Ringe‹, ›Die Nebel von Avalon‹, beinahe die gesamte moderne Phantasy-Literatur und mancher Aspekt des Horrors bei Stephen King speist sich aus denselben Quellen wie die Wagnerschen Opern und die Grimmschen Hausmärchen.

Wir befinden uns auch gesellschaftlich im Übergang von einer christlich geprägten Gesellschaft mit überstrengen Vorstellungen von Moral und engstirniger Interpretation von Kultur hin zu einer archaisch geprägten Gesellschaft, die wieder mehr den Gesetzen der Natur verhaftet zu sein scheint und für die alten Mythen empfänglich ist. Die Zivilisation schreitet fort, indem sie zu ihren Wurzeln zurückkehrt. Und auch die negativen Seiten dieser Rückkehr zu den Wurzeln treten deutlich zutage: Das Recht des Stärkeren ersetzt wieder den Gemeinschaftssinn; die zivilisatorischen Steuerungsmechanismen des Abendlandes, mit denen man die Natur des Menschen der Kultur unterwerfen wollte, werden immer mehr in Frage gestellt: die Idee der christlichen Nächstenliebe ebenso wie der kategorische Imperativ und der ›neue Mensch‹ des Sozialismus.

Maria wird wieder weiblich – Sexsymbol Madonna...

Auch auf dem Gebiet der Sexualität, seit jeher ein aussagekräftiger Parameter kultureller und zivilisatorischer Entwicklungen, ist der schwindende Einfluß der christlichen Verdrängung und Tabuisierung spürbar. Auch hier ist die Rückkehr zu den Gesetzen der Natur, zu natürlicherem Umgang zu beobachten. Die sexuelle Befreiung im Zuge der 68er Revolte ist nicht zuletzt ein Abschütteln der durch die Kirche geprägten Sexualmoral.

Die christliche Bildersprache und Vorstellungswelt wird nun ihrerseits von archaischen Inhalten zurückerobert: Maria, die

... und Busenwunder Maria – Max Ernst, Maria züchtigt das Jesuskind, 1926.

vom Christentum zur asexuellen, asketisch-reinen Jungfrau stilisierte Muttergöttin, erlangt in modernen Darstellungen ihre durchaus sexuellen und fruchtbarkeitsgöttlichen Bedeutungsebenen zurück. ›Madonna‹ läßt sich als Muttergottes abbilden – im Bustier.

Die ansonsten so unterschiedlichen Stämme der Germanen kannten in ihrem Kult, so wie er uns durch die spärlichen Zeugnisse überliefert ist, zentrale Heiligtümer. Diese dienten den Bewohnern eines Dorfes, einer Region, eines ganzen Königreichs als zentraler Ort der Huldigung und des Götzendienstes.

Stonehenge im Süden Englands war ein solcher Ort, der überlieferte ›heilige Hain‹ der Semnonen, ebenso wie zahlreiche andere Örtlichkeiten, von denen wir heute nichts mehr wissen, deren Energien wir aber mitunter wahrnehmen können.

Ob der Ort, an dem der Kölner Dom steht, das besondere Plateau, das sich über dem Rhein erhebt, bereits in vorrömischer Zeit ein heiliger germanischer Ort war, können wir nur vermuten. Es würde aber nicht verwundern bei der Kontinuität heiliger Plätze, die sich im Falle des Domhügels auf eine über tausend Jahre alte Tradition erstreckt, wenn wir auf dem Domhügel den Ort eines keltisch-germanischen Altars zu suchen hätten.

Tatsache ist, daß der Dom in der heutigen Zeit wieder die Rolle eines alten germanischen Zentralheiligtums einnimmt. Er beherbergt dessen Geister, gewährt Schutz und andere Zauber und ist religiöser, ritueller Mittelpunkt nicht nur einer Stadt, sondern einer ganzen Region. Der Kölner Dom ist der steingewordene heilige Hain der Germanen, ebenso wie er Bischofskirche ist. Indem die Rolle der Kirche (die insgesamt gesehen in der Geschichte des Doms nie besonders groß war) immer mehr in den Hintergrund tritt, kommt die Funktion des Doms zum Beispiel als Versammlungsplatz, als Ort besonderer Handlungen wieder in den Blickpunkt. Alte Traditionen, die sich jenseits des Christentums und teils mit Hilfe des Christentums verborgen gehalten haben, werden zu neuem Leben erweckt. Es ist das größte Mysterium des Doms, daß er diese Geister und deren Energien über eine solch lange Zeitspanne bewahrt hat, ebenso wie die Menschen den Glauben an diese Geister in ihrem Unterbewußten bewahrt haben. Nun erwachen beide aus dem Winterschlaf und erkennen sich, finden sich wieder, sammeln ihre Energien.

Der Dom gehört zu uns wie die Geister, die er beherbergt. Achtundneunzig Prozent der im menschlichen Körper enthaltenen Atome werden innerhalb eines Jahres durch neue ersetzt. Die Haut wird alle sechs Wochen komplett erneuert, die Magenschleimhaut alle fünf Tage. Das Nachwachsen der Haare und der Nägel erleben wir aktiv. Wir nennen diesen Prozeß ›Stoffwechsel‹, und er ist grundlegendes Merkmal des Lebens überhaupt. Er wird möglich durch die Tatsache, daß sich im Laufe der Evolution einzelne Zellen zu komplexen Organismen zusammengeschlossen haben und die Lebensdauer dieses Zellverbundes auf Kosten der Lebensdauer der einzelnen Zellen gesteigert wurde. Die Zellen tauschen sich turnusmäßig aus, der Organismus als ganzer, das Ergebnis der Symbiose bleibt erhalten. Ebenso verhält es sich mit dem Dom.

Die amerikanische Biologin Lynn Margulis und der Wissenschaftspublizist Dorion Sagan machen darauf aufmerksam, daß die Menschheit insgesamt bereits jetzt ein einziges, ›übermenschliches‹ Wesen bildet, indem die Menschen überall auf der Welt durch zunehmende Verbindung und Vernetzung wie ein einziger großer Organismus arbeiten.

Zum Organismus ›Menschheit‹ gehört laut ihrer Theorie nicht nur organische Materie, sondern auch anorganische Materie wie Computer, Autos, Telekommunikationskabel und -satelliten, interkontinentale Gasleitungen, Kleidung und eben auch die Bauwerke des Menschen. Der Dom gehört zum Kulturorganismus Mensch, denn der Mensch ist eine Symbiose mit diesem Bauwerk eingegangen und sorgt dafür, daß es überlebt und den Geistern und heiligen Energien weiterhin eine Heimstatt gibt.

Solange es Menschen gibt, wird es den Dom geben. Denn der Dom gehört nun zum Organismus der menschlichen Kultur. Aristoteles behauptet, die Grenzlinie zwischen Natur und unbelebter Materie sei unmöglich zu ziehen. Der Mensch erhöht die Lebensdauer seiner Kultur, weil er die Idee, das Konzept des Doms in die Unendlichkeit hinfortträgt – und mit dieser Idee alles, was der Dom enthält – und das sind eben auch die Geister und Dämonen, die Sitten und Riten unserer Vorfahren. Es mag uns helfen, diese Geister zu erkennen und zu akzeptieren, denn sie leben auch in uns.

Es hängt von jedem einzelnen ab, inwieweit er diese Geister in seinen eigenen Lebenszusammenhang einordnet. Der Dom ist ein heiliger Ort, an dem diese Geister zu sehen und zu spüren sind. Wer sich auf die Spur der Götter, Geister und Dämonen im Dom begibt, begibt sich auf eine Spur, die ins eigene Bewußtsein führt. Wer die Geheimnisse im Kölner Dom entdeckt, wird sie in sich selbst entdecken.

Anme

Anmerkungen

1. vgl. de Vries 1964, S. 169
2. vgl. de Vries 1964, S. 169
3. vgl. Kölner Domblatt 1971, S. 125f
4. vgl. Weyres 1987, S. 127
5. zit. nach Wolff: Der gotische Dom in Köln. Köln 1986, S. 8
6. vgl. Appuhn 1991, S. 90
7. vgl. z. B. Paglia: Die Masken der Sexualität. München 1995
8. vgl. Peters: Mystik, Mythos, Metaphysik. Die Spur des vermißten Gottes. München/Mains 1992
9. vgl. Führkötter 1987, S. 58
10. vgl. Dinzelbacher 1993, S. 339
11. Appuhn 1991, S. 114
12. vgl. Appuhn 1991, S. 115
13. zit. nach Kölner Domblatt 1964, S. 15-43
14. vgl. z. B. Haarmann 1992, S. 246
15. vgl. Schütze 1972, S. 134
16. vgl. Dinzelbacher 1993, S. 244f
17. vgl. Appuhn 1991, S. 91
18. vgl. Dinzelbacher 1993, S. 611
19. vgl. Schütze 1972, S. 144

20. vgl. Schütze 1972, S. 188
21. zitiert nach Schütze 1972, S. 102
22. vgl. Schütze 1972, S. 14
23. vgl. Schütze 1972, S. 15
24. vgl. Schütze 1972, S. 99
25. vgl. Schütze 1972, S. 121
26. vgl. Schütze 1972, S. 137
27. vgl. Schütze 1972, S. 138 bzw. 140
28. vgl. Schütze 1972, S. 17
29. vgl. Kölner Domblatt 1969, S. 189
30. vgl. Kölner Domblatt 1969, S. 192
31. vgl. Schütze 1972, S. 20
32. vgl. Schütze 1972, S. 141
33. vgl. Schütze 1972, S. 241f
34. vgl. Haarmann 1992, S. 178f
35. vgl. Signon in: Kölner Domblatt 1957, S. 154f
36. vgl. Kölner Domblatt 1954, S. 172
37. vgl. Conrad 1990, S. 150
38. vgl. Die Bibel, Offenbarung 21,19 und 20
39. vgl. de Vries 1964, S. 74
40. vgl. de Vries 1964, S. 169
41. vgl. Handwörterbuch des deutschen Aberglaubens, Bd. III, Berlin; Leipzig 1930/31, S. 1108
42. vgl. de Vries 1964, S. 167
43. vgl. Meinardus in: Kölner Domblatt Jg. 1971, S. 241
44. vgl. Meinardus in: Kölner Domblatt Jg. 1971, S. 240
45. Bänke für die Gläubigen gibt es erst seit dem 15. Jahrhundert; vgl. Weyres 1987, S. 194
46. Charpentier 1972, S. 161
47. Charpentier 1972, S. 162
48. vgl. Schütze 1972, S. 134
49. vgl. Weyres 1987, S. 41

50. vgl. Weyres 1987, S. 150f
51. vgl. Wolff, Gerta, 4. Aufl. 1993, S. 90
52. vgl. Weyres 1987, S. 150f
53. vgl. Weyres 1987, S. 206
54. vgl. Weyres 1987, S. 188
55. vgl. Führkötter 1987, S. 68
56. zit. nach Schütze 1972, S. 218
57. zit. nach Schütze 1972, S. 218
58. zit. nach von Simson 5. Aufl. 1992, S. 80
59. vgl. Bell. gall. 6, 16 und 21
60. vgl. Schütze 1972, S. 210
61. zit. n. Schütze 1972, S. 210
62. vgl. von Simson. 5. Aufl. 1992, S. 84
63. Schütze 1972, S. 215
64. vgl. Schütze 1972, S. 215
65. vgl. Kölner Domblatt 1969, S. 51
66. zit. nach Conrad 1990, S. 128
67. vgl. von Simson, 5. Aufl. 1992, S. 78
68. zit. nach von Simson 5. Aufl. 1992, S. 37
69. vgl. Schütze 1972, S. 134
70. vgl. Kölner Domblatt 1964, S. 180-204
71. vgl. Dinzelbacher 1994, S. 230
72. vgl. Die Chronik Kölns, S. 137
73. vgl. Haarmann 1992, S. 280
74. vgl. Schütze 1972, S. 252
75. vgl. Thürer in: Kölner Domblatt 1974, S. 150
76. vgl. Das große Bibellexikon, Bd. 3, S. 1483, Zitat ebd.
77. vgl. Haarmann 1992, S. 146
78. vgl. Haarmann 1992, S. 146
79. vgl. Schütze 1972, S. 67, S. 94f, S. 134
80. vgl. Kölner Domblatt 1969, S. 17
81. vgl. Kölner Domblatt 1964, S. 15-43

82. vgl. Die Chronik Kölns, S. 268, vgl. auch ebd. S. 232
83. vgl. Knorre 1974, S. 62
84. zit. nach Günzel 1997, S. 34
85. Übersetzung nach Weyres 1987, S. 165
86. vgl. Önnerfors/Wolff, Kölner Domblatt 1987, S. 178
87. zit. nach Önnerfors/Wolff, Kölner Domblatt 1987, S. 173
88. vgl. Kölner Römer-Illustrierte, hg. von den Historischen Museen der Stadt Köln, 2/1975. S. 248
89. vgl. Handwörterbuch des deutschen Aberglaubens, Bd. II, Berlin;Leipzig 1929/30, S. 712ff
90. vgl. Handwörterbuch des deutschen Aberglaubens, Bd. II, Berlin;Leipzig 1929/30, S. 712ff
91. vgl. Handwörterbuch des deutschen Aberglaubens, Bd. II, Berlin;Leipzig 1929/30, S. 962f
92. zit. nach Appuhn 1991, S. 59
93. Appuhn 1991, S. 45
94. vgl.Weyres in: Kölner Domblatt 1974, S. 159
95. vgl. Bergmann 1987, S. 101
96. Bergmann 1987, S. 90f
97. vgl. Geimer 1937, S. 33
98. Handwörterbuch des deutschen Aberglaubens, Bd. IX, Berlin; Leipzig 1938/41, S. 55-62
99. Hachmann 1971, S. 137
100. vgl. Hasenfratz 1992, S. 66
101. vgl. Hachmann 1971, S. 136
102. zit. nach: Kölner Domblatt 1971, S. 230
103. in: Kölner Domblatt 49/1843, o. S.
104. in: Kölner Domblatt 1968, S. 243
105. vgl. Hasenfratz 1992, S. 117
106. vgl. Germania c. 39, zit. nach de Vries 1964, S. 88
107. vgl. Knorr 1974, S. 240

108. vgl. von Simson, 5. Aufl. 1992, S.95
109. vgl. Hasenfratz, Freiburg i. Br. 1992, S. 30
110. vgl. von Simson, 5. Aufl. 1992, S. 93
111. Anon. in: Kölner Domblatt Nr. 30/1847, o. S.
112. Bergmann 1987, S. 14
113. vgl. Kölner Domblatt 1982, S. 10
114. Weyres, Die vorgotischen Bischofskirchen in Köln. Studien zum Kölner Dom, Bd. 1, S. 13
115. vgl. Conrad 1990, S. 164f
116. vgl. Wolfram 1995, S. 91.
117. vgl. de Vries 1964, S. 93f
118. Rahel Varnhagen van Ense, zit. nach: Kölner Domblatt 1976, S. 243
119. zit. nach: Heine, Werke in fünf Bänden. 18. Aufl. Berlin; Weimar 1991, Bd. II, S. 101.
120. zit. nach Kölner Domblatt Nr. 30/1847, o. S.
121. Paul Franck im Kölner Domblatt Nr. 3/1842, o. S.
122. zit. nach Knorr 1974, S. 235
123. zit. nach: Rode, Kölner Domblatt 1972, S. 133
124. vgl. Kölner Domblatt Nr. 15/1846, o.S.
125. vgl. Knorre 1974, S. 57
126. vgl. Knorre 1974, S. 233
127. vgl. Knorre 1974, S. 66
128. vgl. Kölner Domblatt 1958, S. 196
129. vgl. Die Chronik Kölns, 2. Aufl. 1992, S. 409
130. vgl. Die Chronik Kölns, 2. Aufl. 1992, S. 458
131. vgl. Weyres in: Kölner Domblatt 1948, S. 61 und 63
132. vgl. Bergmann 1987, S. 46
133. vgl. Hasenfratz 1992, S. 105

Literatur

Literaturverzeichnis

Appuhn, Horst: Einführung in die Ikonographie der mittelalterlichen Kunst in Deutschland. 4. Aufl. Darmstadt 1991.

Bergmann, Ulrike: Das Chorgestühl des Kölner Domes. 2. Bde. Neuss 1987.

Bischoff, Erich: Mystik und Magie der Zahlen. 3. Aufl. Wiesbaden 1997.

Charpentier, Louis: Die Geheimnisse der Kathedrale von Chartres. 14. Aufl. 1997.

Conrad, Dietrich: Kirchenbau im Mittelalter. Bauplanung und Bauausführung. Leipzig 1990.

Dinzelbacher, Peter: Christliche Mystik im Abendland. Paderborn; München; Wien; Zürich 1994.

Forster, Georg: Ansichten vom Niederrhein. Von Brabant, Flandern, Holland, England und Frankreich im April, Mai und Juni 1790. Stuttgart; Wien 1989.

Führkötter, Adelgundis (Hg.): Kosmos und Mensch aus der Sicht Hildegards von Bingen. Mainz 1987.

Dies.: Hildegard von Bingen. Salzburg 1990.

Geimer, Maria: Der Kölner Domchor und die rheinische Hochgotik. Bonn 1937.

Görres, Joseph von: Hinter der Welt ist Magie. Geschichten von Heiligen und Sehern, Zauberern und Dämonen. Dresden 1931.

Grönbech, Wilhelm: Kultur und Religion der Germanen. 12. Aufl. Darmstadt 1997.

Haarmann, Harald: Die Gegenwart der Magie. Frankfurt/Main; New York 1992.

Rolf Hachmann: Die Germanen. Genf 1971.

Handwörterbuch des deutschen Aberglaubens. Bde. I-IX. Berlin; Leipzig 1929-1941.

Harris, John Wesley: Medieval Theatre in Context. London/New York 1992.

Hasenfratz, Hans-Peter: Die religiöse Welt der Germanen. Ritual, Magie, Kult, Mythus. Freiburg i. Br. 1992.

Hauser, Arnold: Soziologie der Kunst. 3. Aufl. München 1988.

James, William: Die Vielfalt religiöser Erfahrung. 1. Aufl. Frankfurt/Main; Leipzig 1997.

Jung, Carl Gustav: Die Beziehungen zwischen dem Ich und dem Unbewußten. 4. Aufl. München 1994

Jung, Carl Gustav: Archetypen. 4. Aufl. München 1993.

Kaminski, Heinz: Die Götter des Landes Vestfalen. Der Wormbacher Tierkreis - Schlüssel zur Keltisch-Germanischen Kultstätte. Bochum 1988.

Kindermann, Heinz: Das Theaterpublikum des Mittelalters. Salzburg 1980.

Knorre, A. von: Turmvollendungen deutscher gotischer Kirchen im 19. Jahrhundert unter besonderer Berücksichtigung von Turmabschlüssen mit Maßwerkhelmen. Veröffentlichungen der Abteilung Architektur des Kunsthistorischen Institutes der Universität Köln, Bd. 5. Köln 1974.

Kölner Domblatt. Jahrbuch des Zentral-Dombau-Vereins. Jahrgänge 1948-1996

Kölner Römerillustrierte. Hg. v. Römisch-Germanischen Muse um der Stadt Köln, 1/1974.

Lexikon der biblischen Personen. Stuttgart 1989.

Lurker, Manfred: Lexikon der Götter und Dämonen. Stuttgart 1989.

Margulis, Lynn/Dorion Sagan: Leben - Vom Ursprung zur Vielfalt. Heidelberg; Berlin; Oxford 1997.
Maurin, Krzysztof: Mystik, Magie, Mathematik. Stuttgart 1989.
Neckel, Dr. Gustav: Kultur der alten Germanen. Potsdam 1934.
Paglia, Camille: Die Masken der Sexualität. München 1995.
Peters, Tiemo Rainer: Mystik, Mythos, Metaphysik. Die Spur des vermißten Gottes. München/Mainz 1992.
Pinder, Wilhelm: Deutsche Dome des Mittelalters. Königstein/Taunus 1939.
Schütze, Alfred: Mithras. Mysterien und Urchristentum. Stuttgart 1972.
Schuster, Carl und Edmund Carpenter: Patterns that connect. Social Symbolism in Ancient & Tribal Art. New York 1996.
Simson, Otto von: Die gotische Kathedrale. 5. Aufl. Darmstadt 1992.
Storm, Theodor: Der Schimmelreiter. Berlin 1888.
Sudbrack, Josef: Hildegard von Bingen. Schau der kosmischen Ganzheit. Würzburg 1995.
De Vries, Jan: Die geistige Welt der Germanen. Darmstadt 1964.
Weyres, Willy: Die vorgotischen Bischofskirchen in Köln. Studien zum Kölner Dom, Bd. 1.
Wolff, Arnold und Toni Diederich (Hgg.): Das Kölner Dom Lese- und Bilderbuch. Köln 1990.
Wolff, Gerta: Das römisch-germanische Köln. 4. Aufl. Köln 1993.
Wolfram, Herwig: Die Germanen. München 1995.

Dank

Der Verfasser dankt allen, die bei der Entstehung dieses Buches mitgewirkt haben. Ein besonderer Dank gilt: Christel, Hejo, Samson, der Dombauverwaltung, deren Bibliothek ich freundlicherweise benutzen durfte, Herrn Professor Kaminski, dem ich einige wichtige Hinweise verdanke, dem Kölner Stadtmuseum, insbesondere Eberhard Weber für die Auswahl der Abbildungen, und natürlich Alex.

Bildnachweis

Zum Teil war es nicht möglich, die Herkunft der Abbildungen zu ermitteln. Wir bitten Fotografen oder Bildarchive, sich beim Verlag zu melden.

Titelbild: Jörn Sackermann. Der Spiegel (141); Dombauarchiv (25, 37); Rainer Gaertner (91); Kölnisches Stadtmuseum (16, 56); Landesmuseum Trier (65); Matz und Schenk, Dombauarchiv (84); Prof. Dr. Meinardus 2b (48 aus Domblatt 1971, S. 241); Rheinisches Bildarchiv (14,15, 20, 29, 31, 50 oben, 53, 60, 66, 68, 70, 71, 77, 80 oben, 82, 93, 95, 103, 104, 106, 108, 111, 112, 113, 120, 132); Römisch-Germanisches Museum (32, 50 unten); aus: Simson: Die gotische Kathedrale (67); Wallraf-Richartz-Museum (64); Hildegard Weber (11);